铁路企业干部培训理论研究成果汇编

——2024年北京局集团公司干部培训理论研究成果集

中国铁路北京局集团有限公司
干部培训理论研究成果编委会 ◎ 编著

中国铁道出版社有限公司

2024年·北 京

图书在版编目（CIP）数据

铁路企业干部培训理论研究成果汇编 ：2024 年北京局集团公司干部培训理论研究成果集 / 中国铁路北京局集团有限公司干部培训理论研究成果编委会编著. 北京 ：中国铁道出版社有限公司，2024. 12. -- ISBN 978-7-113-31805-5

Ⅰ. F532. 6-53

中国国家版本馆 CIP 数据核字第 2024E55P46 号

书　　名：铁路企业干部培训理论研究成果汇编
——2024 年北京局集团公司干部培训理论研究成果集

作　　者：中国铁路北京局集团有限公司干部培训理论研究成果编委会

责任编辑：弓维桢　　　编辑部电话：（010）51873179

封面设计：郑春鹏

责任校对：安海燕

责任印制：高春晓

出版发行：中国铁道出版社有限公司（100054，北京市西城区右安门西街 8 号）

网　　址：https://www. tdpress. com

印　　刷：河北宝昌佳彩印刷有限公司

版　　次：2024 年 12 月第 1 版　2024 年 12 月第 1 次印刷

开　　本：710 mm×1 000 mm 1/16　印张：13　字数：160 千

书　　号：ISBN 978-7-113-31805-5

定　　价：129. 00 元

前 言

干部教育培训是建设高素质干部队伍的先导性、基础性、战略性工程，在推进新时代中国特色社会主义伟大事业和党的建设新的伟大工程中具有不可替代的重要地位和作用。为适应国铁企业改革创新发展的新要求、实现集团公司“六个现代化体系”建设目标，打造政治过硬、本领过硬、作风过硬的“全面型”干部队伍，中国铁路北京局集团有限公司紧紧把握干部教育培训工作新趋势新要求，积极开展干部教育培训工作理论研究和实践探索，持续在提升干部培训工作的精准性和实效性上下功夫，促进干部培训质量不断提高。

为进一步增强对干部培训规律的认识和总结，更好发挥理论研究对干部培训工作的指导和促进作用，集团公司人事部（党委组织部）于2024 年 1 月至 8 月组织开展了集团公司 2024 年干部培训理论研究成果征集评选活动，各单位积极响应、广泛参与，上报参评论文和调研报告 145 篇。经评审，共评出干部培训理论研究优秀成果 71 篇，其中一等奖 10 篇、二等奖 20 篇、三等奖 30 篇、优秀奖 11 篇。获奖成果观点鲜明、思路清晰、语言流畅，能够结合干部培训工作实际，对如何破解培训难题、创新培训形式、做好培训工作等进行了卓有成效的探索与思考。

为更好地发挥理论研究成果的引领和示范作用，编委会将此次评选活动中获得一、二等奖的研究成果汇编成册。本书共分为培训管理、教学组织、学员管理、师资队伍建设四部分。

本书是集体合作的结晶。特别是集团公司党校副校长杨睿、天津铁路专业技术服务中心副主任吴敬先、石家庄铁路专业技术服务中心副主任贾广龙、集团公司党校理研室主任孙海霞，作为各编审小组的负责人付出了大量心血。常艳敏、解玉薇、薛小远、张慧娟、王文杰、李静、张梦、安志涛、梁静、黎皓、李滨汀、王慧英等编委会成员也做了大量工作，在此一并致谢。

编委会

2024 年 12 月 1 日

目　录

培训管理

教学组织

学员管理

师资队伍建设

培训管理

干部培训需求调研工作的实践与探索

唐山工务段　姚家宁

为更好地发挥理论研究对干部培训工作的指导与促进作用，进一步提升培训工作的针对性与实效性，每年年末，铁路系统各基层站段都会组织领导人员、部分中层干部和专业技术人员，开展干部培训需求调研，以便综合分析培训工作中存在的问题，摸索培训发展的规律，探索如何完善培训体系，对提升干部培训工作的质量和实际效果起到推动作用。

一、干部培训需求情况分析

干部培训需求调研主要包括培训人员需求、培训内容需求、能力提升需求、培训模式需求、考核评价需求、主要影响因素等内容。从这些方面进行问卷调查，通过汇总分析相关数据，得到以下结果。

（一）培训人员需求

通过对参培人员分类统计发现，如图1所示，专业技术人员和车间一般干部作为桥梁和纽带，在一线生产过程中承担了承上启下、独当一面的作用，所以他们的培训需求更强烈，应着重加强对其管理能力、执行能力和专业技术能力的培训。

（二）培训内容需求

各类人员对培训内容的需求不同。以专业技术人员为例，如图2所示，他们对安全运用知识、操作保养知识的需求最高，强化安全运用知识和操作技能知识的学习是专业技术干部培训工作的重点。

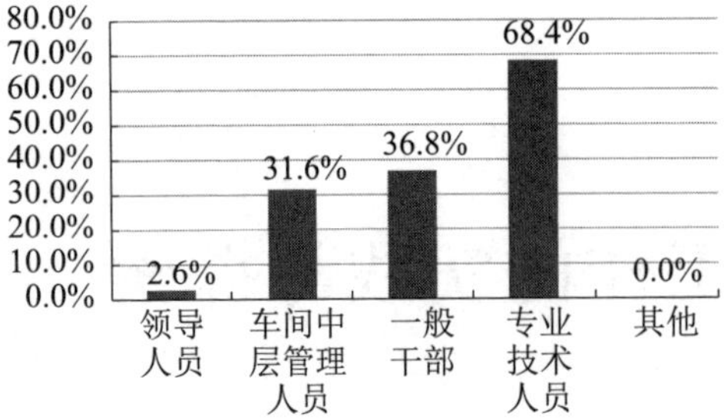

图 1　培训人员需求

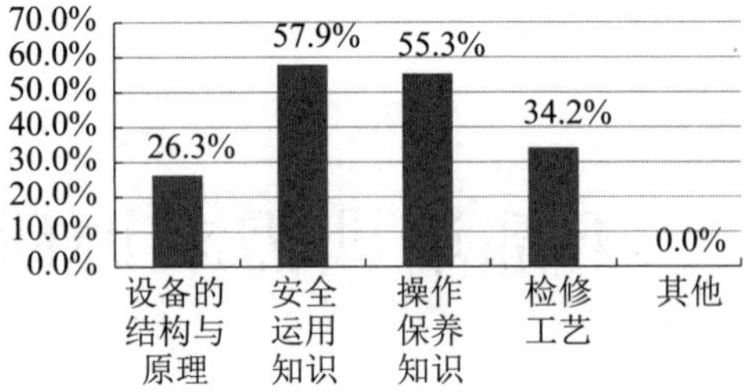

图 2　培训内容需求

（三）能力提升需求

目前，新技术、新工艺正在逐渐取代传统技术，铁路干部亟须提高对新技术的认知和应用能力。如图 3 所示，各级干部作为管理者和指挥者，应对突发事件的能力关系着恢复安全生产的速度，也应纳入培训的重点。

（四）培训模式需求

培训模式主要有集中培训、网络教学、现场教学、外委培训等方式，其中现场教学能够给学员更直观的现场感受和多方位的学习体验故而其需求最为突出，如图 4 所示。集中培训作为传统的培训方式，它的优势是便于组织，便于实时管理，也利于有针对性地进行研究和探讨，故而其需求名列第二位。

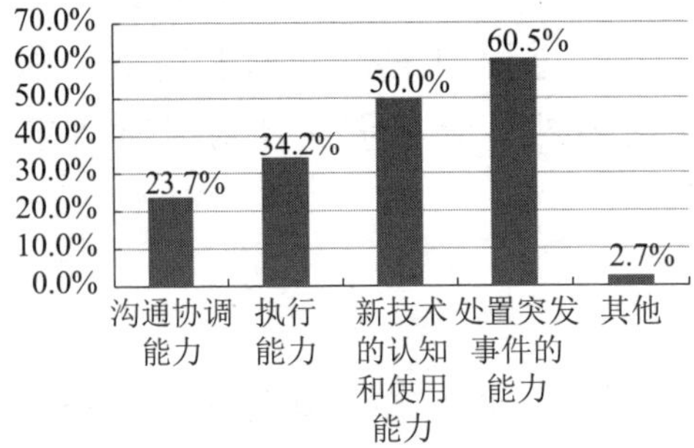

图 3　能力提升需求

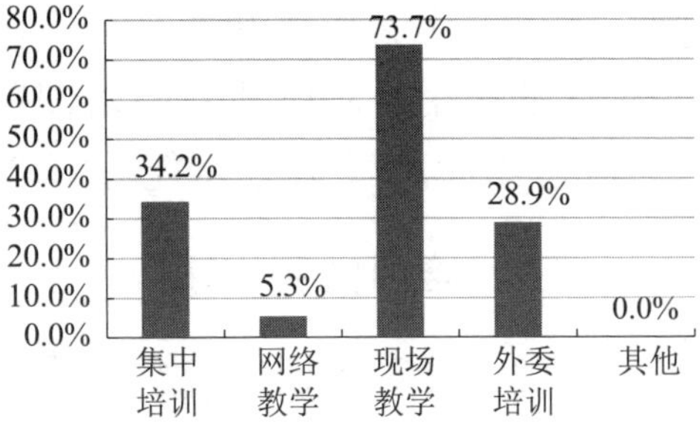

图 4　培训模式需求

（五）考核评价需求

考核的形式包括集中机考、在线考试、纸质笔试、现场抽考等，通过调查分析发现，如图 5 所示，现场抽考既能做到理论联系实际，还能真正检验出学员的培训效果，且最能反映出学员的现场应对能力；而在线考试则能够充分发挥互联网作用，节约人力、物力、财力，解决工学矛盾，故该二者需求最为突出。

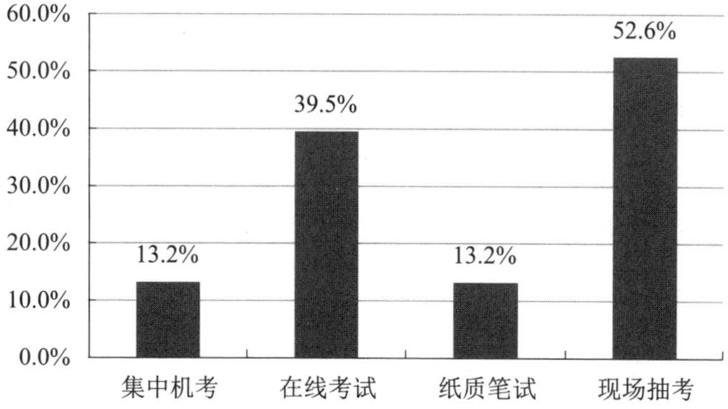

图 5　考核评价需求

（六）主要影响因素

工务系统作为设备管理单位，生产任务繁重，工学矛盾是目前影响干部培训工作的最主要因素。除此之外，师资力量薄弱，存在“会干不会教”的现象，也是一个重要的影响因素，如图 6 所示。

二、干部培训存在的主要问题

通过需求调研，发现在日常管理工作中还普遍存在一些问题，主要表现在以下五个方面。

（一）培训模式单一

以往采用的培训模式是单向直线模式，即由教师教、学员学。教

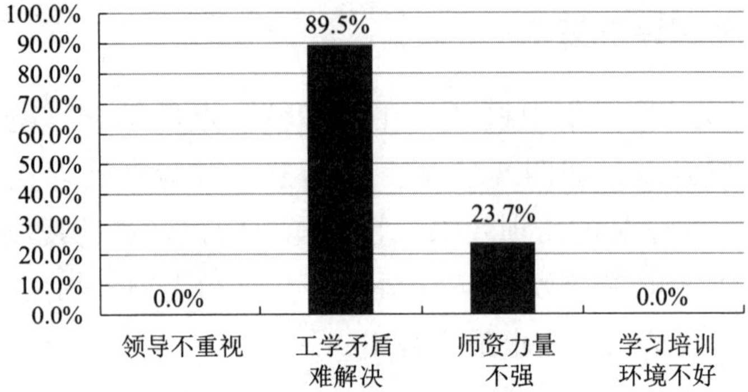

图6　主要影响因素

师担当的仍然是传统教育模式中“教书人”的角色，缺乏案例式、现场式、互动式的教学方法。学员的学习处于被动状态，课堂互动少，研究、探讨、实地观摩型的教学更少，使学员产生厌学情绪，从而直接降低了培训的质量。

（二）培训内容陈旧

一是部分教师对课件准备不充分，对学员想学什么知识、需要掌握到何种程度缺乏了解。二是教材单一，内容陈旧，多期培训都是使用同一教材，侧重性不强。三是授课过程中主要注重专业理论培训，忽视了现场技能教学。四是教师对现场存在的难点、重点问题缺乏有力指导，不能充分调动参培人员的学习积极性，致使培训工作达不到预期效果。

（三）质量评估不全

培训内容的设置缺乏具有针对性的需求调研，培训结束后的评估缺少调查回访的环节。这一前一后两个重要环节的缺失，导致培训工作重过程、轻结果，对所教知识能否被吸收理解并应用于实际生产工作中去缺乏跟踪问效，知识转化成生产力效果不明显，影响了干部培训工作的针对性。

（四）师资力量薄弱

干部培训多是从科室挑选专业技术骨干进行授课，理论基础扎实，但现场经验不足，操作技能不强，导致授课多以满堂灌输理论知识为主，造成教学内容与现场需求脱节，不利于学员实践能力的提高，影响了教学效果。

（五）工学矛盾突出

集中修与暑运期间，各种专项整治活动和检查频次增多，工作岗位上的干部尤其是车间干部工作任务重，致使工学矛盾在运输站段尤为突出。

三、探索完善干部培训体系

通过对干部培训需求进行积极的调查、分析，为完善干部培训工作的各个环节，唐山工务段从培训形式、培训机制、评估机制、师资选拔、培训资源等方面进行了探索。通过探索与实践，段各级干部的责任意识、专业素质、管理能力明显提升，工作作风得到有效改进，多项科研项目荣获集团公司级、省部级奖项，特别是解决了小型机械设备易坏难修、道岔打磨机走行架掉道率高等方面的技术难题，减轻了劳动工作强度，以下五方面的探索成果，可以在集团公司范围内推广应用。

（一）创新培训形式，提升培训针对性

1. 推进案例式教学。选择一些工务系统中典型的难点与热点问题，通过对案例的讲解，让学员在课堂交流中围绕亟待研究解决的重点问题进行研讨，使学员加深对教学内容的理解。

2. 开展现场式教学。组织学员到现场实地体验，引导学员把单向

的知识灌输变成解决问题的双向讨论，把个人思维融入集体智慧，促进学员用实践诠释抽象的理论，把“纸上得来”化为“心中悟出”，将知识向运用转换。

3. 加强互动式教学。可采取对策研究、情景模拟等“边做边教”“训教并举”的形式，让学员提出问题、探讨问题、解决问题。这样既便于教师及时了解现场情况，又利于学员快速掌握知识要领。

（二）创新培训机制，增强培训实效性

1. 因岗制宜，抓好课程设计。坚持以需求为导向，既充分考虑干部培训的共性要求，又最大程度地满足不同岗位、不同知识结构的个性需求，科学合理安排培训内容。同时要创新干部培训工作的组织管理，从按计划培训为主向按需求培训转变，面向现场，及时补充运输生产中所需要的“营养”。

2. 结合需求，突出主体地位。培训中确定学员的主体地位，根据学员的岗位特点及个性化需求，紧密联系工务系统的生产实际，采用“三结合”培训机制，即理论培训与实践培训相结合、请进来与走出去相结合、计划性培训与针对性培训相结合，以此来提高教育培训的综合效果。

（三）创新评估机制，实现培训激励性

1. 注重反馈，落实评估机制。通过问卷调查、闭卷考试、学习心得、工作绩效等多种方式对培训课程设计、授课过程、培训效果等进行考核。做好培训效果反馈，通过学员培训后的工作态度转变、能力提高、效率改善等来总结培训的实际效果，以便于在后期培训工作中借鉴，提升培训效果。

2. 强化纪律，运用考核结果。建立对学员的培训考核机制，内容包括学员的学习态度和表现、党性修养、作风、遵规守纪情况、理论知识掌握程度以及解决实际问题的能力等。学员在培训期间的表现、考勤及考试考核成绩作为学员日常工作考核内容和任职、晋升的重要

依据。培训考核不合格的，年度考核结果不得确定为优秀格次。

（四）创新教师选拔，增强培训专业性

1. 科学选聘扩充兼职教师人选。对于兼职教师的选聘不能只看学历和职称，也不能只在科室、车间的管理人员中选拔，而要在现场挑选一些技术好、业务强、综合素质优秀的人员，扩大人员使用范围。

2. 拓宽渠道开展兼职教师培训。选派兼职教师参加集团公司兼职教师培训班，同时站段定期轮训，补齐教学短板。在干部培训过程中执行听课制度，由领导人员、中层干部、专业技术人员随堂听课，评价优点及不足，以提高执教能力。

（五）创新培训资源，缓解培训矛盾性

1. 利用“网络教学”。改变传统的黑板式、脱产式教学模式，将网络作为教育平台，变集中教学为分散教学，通过手机答题等方式，提高干部培训工作的普适性。

2. 开展“第二课堂”。利用各种例会、包保、验收等机会，将其作为“第二课堂”，到现场对干部进行宣讲、指导，实现现场教学，提高干部的业务水平。

3. 鼓励“自我升华”。锻炼干部主动思考问题，有目的地、有针对性地推荐、配发管理类及专业类书籍，鼓励干部自学。

综上所述，应当进一步加强干部培训需求调研，提高培训质量、学以致用、与时俱进，持续完善干部培训体系，继承和发扬教育培训优良传统和作风，遵循人才成长规律和教育培训规律；进一步改进培训管理，充分发挥培训作用，推进人才兴企，全面提高管理和专业技术人员德才素质和履职能力，着力打造一支精干、高效、务实的干部队伍，为确保安全生产持续稳定提供组织保障。

科学制订培训计划　着力提升培训效果

北京西电务段　苗新欣　周　月

干部教育培训工作是干部队伍建设的先导性、基础性和战略性工程，是集团公司、电务段干部队伍建设的重要环节。根据电务段运输生产和经营管理等实际需要，研究制订科学的、有针对性的、行之有效的、便于实施的干部培训计划并按照计划落实，对于推进电务段各专业、各层级干部素质能力培养起着至关重要的作用。培训计划包括了培训目标设定、培训内容设计、培训方式选择、培训效果评估等。只有目标明确、内容丰富、方式合理，才会起到预期的培训效果；只有对培训效果进行有效评估，方能更好地对培训内容、方式等做出优化调整。

一、制订落实干部培训计划现状

以北京西电务段为例，2023 年计划组织干部培训班 21 个，其中专业管理培训 10 个、党建综合培训 11 个，实际组织 22 个；结合主题教育工作开展信号基础知识培训班 1 个，培训计划完成率超过 100%。2024 年计划组织干部培训班 17 个，其中专业管理培训 11 个、党建综合培训 6 个，截至目前实际组织 7 个。虽然干部培训计划的兑现率较高、落实较好，但仍存在一些制约培训效果的问题。

（一）培训目标不够明确

尽管不同专业、不同岗位、不同年龄学历、不同工作年限及经历的专业技术人员培训需求不尽相同，但是目前培训对此还缺乏科学、细致的分析。在教育培训决策中缺乏长远考虑，仍然坚持“实用为主”、以“会干活”为目的，没有用发展的眼光来看问题；在日常培训工作中采用“大锅烩”的方式，培训针对性不强，不能精准满足专业技术人员的培训需要。与此同时，业务类培训较多、管理类培训少，适应性培训较多、提高性培训少，实践操作培训较多、理论提升培训少；某些培训变成了一种救火式、应急式、偶然式的工作，与专业技术人员成长规律的适配性不高。

（二）培训内容乏善可陈

按需施教是干部教育培训的首要原则。年度干部教育培训计划由职能科室根据上级培训要求，对年度重点工作进行梳理后提出初步方案，并按计划组织实施。但如此一来，一是导致培训需求存在偏差，没有将专业技术人员的自身需求考虑在内；二是培训内容不能适时更新，部分培训中的一种模式、一套教案、一张试卷已使用多年，让专业技术人员产生了“培训是应付了事”的错觉；三是培训内容对新知识、新技术、新管理模式的涉及较少，主要集中在解决现实工作中“干不了活儿、干不好活儿”的问题，更多在实践层面进行面对面、手把手甚至一对一地练和教，也就是我们经常所说的“实训”。尽管这样确实解决了一些困扰现实工作的问题，也取得了良好效果，但随着信号技术先进性的不断提高，信号技术装备的系统化、网络化不断增强，缺乏理论支撑的操作就越发不可行，甚至是十分危险的。虽然这方面的培训也经常组织，但培训的面不够宽、人不够多，在理论和实践的深度上就更有所欠缺。

（三）培训方式固守成规

目前开展的培训主要以“你讲我听”为主，以“倾倒型”“灌输型”教学为主。教师是课堂的主角，学员的课堂参与度不高，不能很好激发学员的积极性、自主性。专业技术人员参加培训以记笔记、答试卷为主，培训效果不够明显。

（四）培训管理有待提高

目前，干部培训工作以结果考核为重点。一是对照年度干部培训计划、检查参培人员组织是否到位；二是检查参培人员的考核结果是否合格。对各职能科室的办班规划、培训方式的选择、培训内容的把控、培训师资的配备等内容不甚明晰，培训管理不够细致，将培训的主要目的变为了完成工作任务、落实培训计划，导致培训效果不佳。

（五）培训效果检验不全面

当前对干部培训效果的检验以培训日常考勤记录及培训结束后的考试为主，但考勤记录只是直观反映学员培训的出勤率，难以作为检验培训效果的依据；培训结束后的考试只能协助了解当时对培训知识的掌握情况，且重理论知识、轻实作实操，并不能与现场实际工作联系到一起、更不能检验是否存在考前突击、应付考试等情况；因此该检验方式无法全面反映参培人员的阶段性学习成果。此外，教师也不能了解其究竟学到了什么，以及是否由知识转化为能力进而起到提升工作质效的目的。

二、关于科学制订培训计划的思考与举措

（一）提高认识，明确培训目标

要着重提高中层及以上管理人员对专业技术人员培训的认识，了解对专业技术人员开展培训的重要意义，明确培训是提高专业技术人员综合素质的最有效方式；要提高本单位高技能专家人才对专业技术人员培训的认识，动员高技能专家人才办班授课、分享经验。人事部门要与各专业科室紧密配合，明确组织专业技术人员培训要达到什么

样的效果，并将年轻干部培养工作与干部教育培训工作紧密结合，将信号专业新装备、新技术与现场实践相结合，提高小班教学比例、分级分批培养，筑牢专业技术人员能力素质的基石。

（二）按需培训，丰富培训内容

一是掌握培训需求。按需培训是提升干部培训针对性的重要途径。本着“缺什么、补什么”的原则，人事部门每年通过开展问卷调查、现场访谈、集中座谈等方式，对培训需求进行充分调研、立足功能定位，了解干部需要什么样的培训。从需求入手，把组织需求、岗位需求、个人需求有机结合起来，准确掌握专业技术人员的培训需求信息。同时，各职能科室要根据集团公司、电务段年度工作重点及发展规划提出岗位培训需求，再由以上培训需求综合确定专业技术人员的年度培训计划，确保培训的针对性。二是丰富培训内容。在做好培训需求的前提下，培训内容要以干部所需的“干货”为重点，切实满足干部多样化的培训需求。

（三）积极尝试，改进培训方式

培训方式与培训内容应该是互恰的，传统的“无差别”式教学也应得到突破，并开展研讨式、案例式、辩论式的教学培训。比如针对固定人群的小班授课、专题讲座、情景模拟、专题调研、现场学习、跟岗培训、交流锻炼、以干代培、远程网络培训等多种培训形式，更容易增强干部教育培训的吸引力和实效性。除此之外，跨部门、跨岗位甚至跨单位培训等多单位、多部门协作的培训实施方式也值得去探索实践。

（四）严格考核，完善激励机制

要将培训结果与绩效考核及任用挂钩，设计合理的统计检验手段，提高专业技术人员对培训重要性的认识，实现其对培训从“要我学”

到“我要学”的转变。一是将过程考核与结果考核相结合，给予学员充分关注，合理设置阶段性的学习任务。二是运用好干部培训成果考核结果，将其纳入培训台账及段季度验收，作为其年度考核、后续工作调整、提拔等的重要依据，由此激发专业技术人员自觉学习、积极参训的主观能动性。

（五）勤于总结，开展培训效果评估

培训效果评估能够对培训效果给予正向反馈，是改进培训过程中存在问题、提升培训效果的有效手段。组织对培训效果进行评估，能够更好地对培训内容、方式等做出优化调整。可通过问卷调查、集中座谈、专题汇报、撰写学习体会等方式，对参加培训人员的学习效果进行评估和评价；还可不定期向送培部门了解学员参训后的情况，对其运用理论解决实际工作的能力进行综合评价。

三、科学制订培训计划的典型做法及成效

（一）举办铁路信号基础集中面授培训班

2023年，北京西电务段了解到现场的年轻大学生所学专业大部分为非信号专业，在现实工作中缺乏信号基础理论知识的指导，经常是知其然而不知其所以然。基于以上情况、由段党委牵头，电务段对现场大学生的工作及学习情况进行详细分析，举办了信号基础知识培训班。根据参培学员意愿及现场工作实际，从培训内容、培训方式、考核检验、效果评估等方面出发，制订了周密的培训计划，并严格按照计划组织实施。培训班还外聘石家庄铁道大学的专业师资，反复推敲培训内容，采取线下面对面形式对非信号专业毕业生的信号基础理论知识进行专项补强。此外，北京西电务段还将过程考核与结果考核相结合，增加课前小测，采取问卷调查、集中座谈的形式对培训效果开展评估，听取学员意见建议，对培训班进行整体总结分析，并将这些

整改成果应用于干部培训的日常工作中去。

（二）创新实施大学毕业生早期培养方案

以往的经验表明，参与、配合工程施工，特别是配合大修站改、新线开通施工才是学习与锻炼动手能力的最佳途径。因此结合管内工程任务，通过安排新职大学生集体到施工现场见习，从施工介入到电缆敷设、设备安装、室内放线、质量检查、联锁试验再到开通运营，可以实现全过程参与、全面深度的学习和动手实践。由此便更加能为青年大学生规划好发展路径、搭建好培养锻炼平台，进而扣好职业生涯的第一粒扣子。

四、结　　语

制订科学的、符合电务段发展方向的干部教育培训计划是做好干部教育培训工作、提升干部队伍整体素质、增强企业核心竞争力的前提条件和关键一环，目前如何选择适当的实施策略落实培训计划、最大化发挥干部培训效果仍然值得去深入地探索研究。总之，要以提升培训工作的时效性、针对性为出发点，制订与时俱进、符合培训需求、符合专业技术人员成长规律的干部教育培训计划，并确保培训计划落地落实，使专业技术人员真正通过培训工作感到有进步、有收获，进而为段安全生产稳定提供有力保障。

关于提高干部培训质量的实践与探索

石家庄供电段　马帅军　刘丽哲

干部教育培训是建设高素质干部队伍的先导性、基础性、战略性工程，在推进中国特色社会主义伟大事业和党的建设新的伟大工程中具有不可替代的重要地位和作用。进入新时代后，新知识、新事物层出不穷，新科技、新技术更新加快，各级干部要想与铁路发展相适应，就必须要“温故知新”“学新知新”，这样才能不断提升素质，更好地胜任管理工作。为此，石家庄供电段贯彻落实集团公司干部培训工作总体要求，积极围绕“关于如何提高干部培训质量”这一课题不断地进行实践与探索。2023 年以来，在段党委的领导下，石家庄供电段摒弃了以往传统的干部培训模式，采取了新的培训形式、增加了新的培训内容，干部培训效果有了显著提升，干部培训工作逐步迈上新的台阶。

一、干部基本现状分析及培训需求

石家庄供电段现有干部 322 人，其中领导干部 11 人，中层正职干部 64 人，中层副职干部 63 人，一般管理干部 184 人；全段干部平均年龄为 45.7 岁，40 周岁及以下干部 90 人，占比约为 27.9%。另有全日制本科及以上学历毕业生 105 人。

为充分了解广大干部对石家庄供电段干部培训工作的具体评价和需求状况，石家庄供电段采取问卷调查、现场沟通、座谈交流等形式，广泛征求各级干部的意见和建议。经调研显示，91.6%的被调研者对石家庄供电段干部培训工作总体评价较好，但也提出了不同层面的培训需求，见表1。

表1　干部培训需求调研情况

序号	干部培训需求内容	需求人数占比
1	创新干部培训形式，适当采取现场观摩、交流研讨等形式	78.6%
2	丰富干部培训内容，适当增加团队协作、沟通技巧、道德修养、服务礼仪等内容	64.8%
3	工学矛盾问题突出，应设法提升学员的参培率	45.9%
4	拓宽参培人员范围，对全段干部和一线大学生进行覆盖性培训	39.4%
5	提高授课师资力量，邀请更多集团公司领导、高等学府知名教授、各行业专家等进行授课	25.3%
6	明确干部培训目标，提升干部培训的针对性	20.4%

综上分析，多数干部对石家庄供电段培训工作总体评价满意率较高，但也存在诸多问题，主要有培训方式不够新颖、培训内容不够丰富、培训范围覆盖不全面、工学矛盾较为突出等。因此，完善培训制度、创新培训形式、丰富培训内容等手段的应用，对提高干部培训工作质量显得较为迫切。

二、提高干部培训质量的新实践

针对以上问题，石家庄供电段结合自身情况，不断完善各项培训制度、积极创新各种培训形式，努力把培训内容与岗位实际结合起来，把理论培训和日常工作结合起来，把素质培养和有目的性的实践锻炼结合起来，使干部培训工作焕发出新的活力。

（一）完善培训制度，夯实培训基础

为适应干部培训工作面临的新形势新任务，持续推进干部培训工

作科学化、制度化、规范化管理，依照集团公司文件要求，石家庄供电段修订完善了多项干部培训制度。

1. 建立“周学习、月抽考、季竞赛”制度。全员干部每周组织1次业务学习、每月进行1次抽考、每季度开展1次竞赛，将制度落实情况纳入干部日常考核、年度考核，同时作为干部培养、评先的重要参考，着力发挥考核和激励作用。

2. 实行干部培训缺勤请假制度。干部无特殊原因应按要求参加相应的培训，因特殊原因不能参加培训的需填写请假说明，经主管领导审核签字，向人事部门备案；对无正当理由不参加各类培训的，给予通报考核。

3. 建立健全干部培训评估制度。加强对干部培训情况的评估，将评估结果作为优化培训组织、改进教学方法、提高办班质量的重要依据。

以上多项干部培训制度的出台，很好地督促了各级干部努力克服工学矛盾，积极参加各类干部培训班，大大提升了干部参培率，为夯实培训基础提供了有力保障。

（二）丰富培训内容，拓宽培训范围

本着“满足大多数干部的培训需求、扩大培训覆盖面、提高培训质量”的原则，2023年石家庄供电段举办了各类丰富多彩的针对性培训班，见表2。培训内容的丰富和参培范围的拓宽，为各级干部充电赋能，较好地满足了各级干部的培训需求。

表2　干部培训内容及范围

序号	培训内容及范围
1	以提高政治站位、团队管理、领导能力为重点，对68名中层正职干部进行了2期培训
2	以提升执行力、组织能力、管理能力为重点，对63名中层副职干部进行了1期培训

续上表

序号	培训内容及范围
3	以提升责任意识、安全管控能力、基础管理能力为重点，对全段 71 名安全管理人员进行了 1 期培训
4	以学习新知识、新技术、新工艺为重点，分专业对 164 名专业技术干部进行了各 1 期培训
5	以开拓管理思路、改进工作方法、加强沟通协调为重点，对 93 名经营管理、消防安全、信访干部进行了各 1 期培训
6	以学习党的先进理论、党章党规党纪及提升道德修养为重点，对 72 名党员骨干进行了 1 期培训
7	以学习专业理论知识、规章制度、公文写作为重点，对入路 3 年以来的一线大学本科及以上毕业生进行了 1 期培训

（三）创新培训形式，提升培训质量

2023 年，在段主要领导的大力支持下，石家庄供电段改变以往全程课堂模式，采取“现场观摩”“参观交流”等形式让学员们走出去学习，从一种培训形式拓宽到多种培训形式。如：石家庄供电段借助召开标准化建设、数字化建设现场会等时机，举办了 3 期中层干部培训班，到兄弟站段和路外单位参观交流，看工作环境、学工作方法、比工作状态，通过以会代训、以观代培，促进干部认清差距、找准问题、开阔思路、提升标准，使整个培训班更加丰富高效；石家庄供电段还采取“事故当事人现场宣讲、实地参观安全警示教育室”等形式开展了 1 期安全管理培训班，使学员如临现场、感同身受、触动心灵。各种培训形式的创新进一步增强了培训效果，有力地提高了培训质量。

三、提高干部培训质量的思考

随着铁路改革创新发展步伐的加快，干部教育培训工作也需要不断地求新、创新，主动适应形势需要，持续提升培训质量。为此，石家庄供电段始终坚持问题导向，聚焦基层一线，创新方式方法，在探

索中前进，努力推动干部培训工作取得实效。

（一）持续创新培训形式

经过2023年培训形式的创新后，广大干部更加期待改变以往课堂培训形式，能更多地走出去学习。为此，在今后的培训中，石家庄供电段将探索更多形式多样的培训，提高培训质量。如：邀请集团公司业务部室的专家进行指导，模拟现场环境，开展现场教学，促进技术干部应急组织、现场处置、协调沟通等能力的提升；组织干部到优秀的兄弟单位、先进的企业进行现场观摩，促进开阔眼界，拓宽思路；聘请段历年来各岗位技术能手、专家大拿、京铁工匠等分专业给干部进行现场培训和演练，促进提升标准，激发进取精神；和地方先进厂家联合，推选优秀专业技术人员、一线大学生参加入厂实践培训，促进交流学习等。

（二）持续丰富培训内容

为了能让广大干部在有限的培训时间内受益更多，石家庄供电段打破以往培训认知，拓宽培训知识面，结合每年发生的大事、要事等开展培训，谋学员之所想，补学员之所需。如：结合庆祝中国共产党成立103周年，邀请知名专家带领大家一起回顾建党历史，安排去红色基地参观学习，通过缅怀先辈、铭记历史，使党员干部不忘初心、牢记使命；结合建段45周年，计划开展4期全员干部规章和企业文化竞赛，通过学规、背规，营造“比学赶帮超”的浓厚氛围，为争创一流供电段多作贡献。此外，石家庄供电段将从实际出发，在培训中适当增加职业道德、时间管理、人格修养等方面的内容，使培训内容更加贴近工作、贴近生活。

（三）持续增强师资力量

“师资”在干部培训过程中担当着重要角色，“好老师”是高质量培训不可或缺的重要因素。石家庄供电段现有的师资水平参差不齐，还有很大程度的提升空间，打造一支过硬的师资队伍至关重要。

1. 坚持“请进来和走出去”原则，邀请集团公司党校、职工培训基地优秀讲师到石家庄供电段传授经验，同时指派段骨干讲师到路内外优秀培训机构交流学习，强化培训理念、培训方法和培训技巧，提高执教能力。

2. 加强与铁路院校间的紧密合作，用好高校优质资源，鼓励铁路优秀讲师到高校中进修学习，欢迎高校的学生到铁路一线了解工作环境，通过互鉴互长，开拓思路，提高授课水平。

3. 联合兄弟站段实现优质师资共享，使优质师资发挥自身特长，让更多学员受益，着力解决站段间资源配置不均衡问题。

四、结　　语

迈进新时代，奋力当先行，探索和创新干部培训工作关乎人才基础建设长远发展，不仅要从思想上高度重视，更要从行动上严格落实，紧密围绕集团公司对干部培训工作的有关规定，扎实有序地推进各项工作落实落地，为铁路事业高质量发展提供坚实的基础保障。

强化干部培训作用发挥的探索与创新

天津车辆段　高振华　张雅婕

干部教育培训是建设高素质干部队伍的先导性、基础性、战略性工程，在推进中国特色社会主义伟大事业和党的建设新的伟大工程中具有不可替代的重要地位和作用。习近平总书记指出："党的历史经验和现实发展都告诉我们，没有全党大学习，没有干部大培训，就没有事业大发展。"党的十八大以来，以习近平同志为核心的党中央就加强和改进干部教育培训工作提出了一系列新理念新思想新要求，为做好新时代干部教育培训工作指明了前进方向、提供了根本遵循。现如今，把握培训成效、提升管理水平，进一步强化干部培训作用发挥，培养造就一支政治素质强、业务技能强、思维创新强、管理能力强的高素质人才队伍，是组织人事工作亟待解决的战略性课题。

一、天津车辆段干部队伍现状及近两年干部培训情况

截至目前，天津车辆段有各级管理人员 286 人，其中领导人员 10 人，中层正职 64 人，中层副职 55 人，一般干部 157 人，另有一线岗位大学生 43 人、见习生 17 人、工人身份业务指导 1 人。

从年龄结构分析，车辆段 50 岁以上人数占比 27%，45 岁以上人数占在岗管理人员总数近一半，高级专业技术人员平均年龄 46 岁，中级专业技术人员平均年龄 42 岁，充分体现年龄 40 至 45 岁的中青年中流砥柱在车辆段的关键作用及重要责任。干部作为教育实施的"园丁"，

对他们集中的“浇灌”更加重了工学矛盾和资源分化等问题。

从近两年的干部培训情况来看，车辆段平均每年选送 185 人次参加上级组织的线上（线下）培训班 65 期，其中，以线上形式开展的网络培训班平均每年 28 期（2022 年网络班次较多）。段办培训班在资源广泛化、形式多样化、效果深入化的目标推动下，每年至少开办一次专题班，均以网络平台的方式进行。但在此之外，天津车辆段仍受到招法欠缺、工学矛盾、效果落地难等多种发展瓶颈问题的影响。

二、影响干部培训作用发挥的突出问题

（一）培训重要性认识不足，缺少调研、反馈欠佳

1. 培训方案与实际需求不匹配。经验表明，多数干部并未将参与培训当作理论知识及专业素质提升的根本手段，而是把参培工作当作一项任务、一种模式、一套教案，培训与现场需要适配度不高，导致人员积极性不高、效果实用性不强，学员没有把教育培训工作提到应有的高度去认识，这也是供需关系不平衡的体现。

2. 培训效果反馈不受重视。当前基层站段培训效果检验主要有两种方式，一是考勤，但培训的考勤记录只能反映出执行力，不能反映出培训的效果；二是培训结束后的考试，但考试只能反映出学员当时对培训知识的掌握情况，可能通过短时间的突击便能顺利通过，并不能掌握干部回到工作岗位上是否将培训所学运用于一线生产实际。上级培训更是“结业”即“结束”，人事部门也缺乏对参培人员回到工作岗位后的效果检验，一定程度上降低了大家对此项工作的重视。

（二）培训缺乏整体布局，规划不足、推进失效

1. 规划作用认识不足，培训计划覆盖面不全。领导干部对于教育培训工作的重要性认识不足，仍然坚持实用为主，对于教育培训工作“说起来重要，做起来次要，忙起来不要”，没有将干部教育培训的良好规划

放到基础性、战略性的地位来抓。近两年段年度干部培训计划平均每年度10班次，但仍存在“资格性、任务性培训占多数，个性化、多样性培训一两期”的尴尬分布，并且计划的制订与年度干部培训的初步方案仅依靠年度干部培训需求调研及职能科室对重点工作的需求提报。

2. 师资队伍建设不足，培训实际意义不强。专兼职教师培养大多依赖上级培训和段职教部门需求，专业水平和授课能力不对等，尤其小微课制作水平提升较慢，致使段师资队伍出现“短板效应”，师资素质参差不齐。另外职能部门没有摆正组织专业培训的主体位置，段办培训班常盲目依照上级政策，缺少对下调研，自办班需求上整体存在偏差，且对专兼职师资的专业素质培养过于放任，致使自办班培训内容对新知识、新技术、新管理模式涉及较少，不匹配现场专业需求。

（三）培训创新意识滞后，观念老旧、方式简单

1. 教育观念老旧。干部由上至下都习惯了按部就班的培训教育模式，尤其是车间忙于现场生产，不能很好地解决工学矛盾，认为培训教育是培训组织部门的“任务”，没有主动将其纳入部门管理人员培养的重要议事日程，只是程序式地完成相关工作，老旧的教育观念浇灭了很多对培训有需求有热情的专业干部的积极态度。

2. 培训方式单一，针对性不强。一方面培训多采用“大锅烩”的方式，忽略了由于干部的年龄、学历、工作经历等自然条件不同，产生的培训需求差异。另一方面个别培训班以完成任务为目标，从纸面到纸面，没有解决实际问题；开展培训以上课讲授为主，基本是采用课堂灌输型的教学，没有引进新的培训模式，带来的结果是参培人员认为参加培训就是记笔记、答试卷，培训没有取得明显的效果。

三、强化干部培训作用发挥的三点工作启示

针对内外协调、主客观因素等多方问题，人事部门坚持以实践为中心、以运用为导向，以创新干部培训形式多样性为抓手，解决矛盾

突出问题，显著提高干部教育培训的针对性和实效性，充分发挥了干部教育培训提升干部队伍素质、服务科学发展的积极作用。

（一）坚持问题导向，做到认识问题脑中有“数”

1. 加强课前调研，在培训前进行调研分析，做好纵向比对，将集团公司推进的新设备、新技术、新工艺，与其在现场推行过程中产生的问题和要点进行统计，引申上级培训重点，有目的地进行培训班次设置，是提高干部队伍素质水平的“捷径”。

2. 做透需求分析，在年末进行干部培训调研过程中，分类重点调研培训需求，对于新知识的普及、现场应急处置能力以及工学矛盾等集中问题，在专业系统内组织集体讨论，适当增加综合性与专业性结合的复合型培训类型，在年初干部培训计划中，按实际要求罗列可实行的培训科目。

3. 适时适当开展效果反馈。利用多种手段开展对参培人员培训效果的验证反馈，采用针对政治理论型培训的调研考察、针对适应性培训的阶段抽考、针对小微课培训的课后习题等方式，逐步提升各级干部对培训工作的关注和重视，平衡培训供需关系。

（二）坚持整体思路，做到目标决策心中摆“棋”

1. 拓展联合培训，紧抓创新手段，逐步形成把课堂建立在实操岗位上、把讲解具体到操作过程中、把问题交流在现场情况下的良好氛围，积极对外拓展，在联合专业科室的基础上，加强同级沟通、对外联络，增设由段领导带队外出参观的“游学”机制，建立与兄弟站段、技术单位联合办班的机会，妥善利用新资源、新技术，开拓新思路，不断引领企业向新发展。

2. 壮大师资队伍，强化技术、授业解惑，协同职教、专业科室开设专兼职师资培训班，着眼于现场专业需求，努力培养业务水平高的兼职授课教师，并逐步扩展小微课和网络授课新技术的使用范围，激发兼职教师的竞争力和积极性，在打造专业精良的人才队伍同时，建立一支上得讲台、下得现场的兼职教师队伍，是进一步提升培训质量的手段。

（三）坚持创新思维，做到形式多样手中有“招”

1. 细分参培人员需求，有针对性地为参培人员分类、拓宽参培人员范围。增设主任班、书记班，并以老中青队伍建设为目的，分批次开展以缓解工学矛盾，加强以调研替代课本、以研讨替代座谈的形式，适当加入操作技能岗位人员参与，加强管理人员与现场问题的直接交流和沟通，更好地增强职工学习积极性。

2. 不再局限于网络培训一种“新招”，勇于尝试新的培训方式。比如案例分析、情景模拟、专题调研、实地考察、远程网络培训等。培训方式服务于培训内容，选择与培训内容相匹配的一种或多种结合的培训方式，可以事半功倍地加深教学印象、增强培训效果。

3. 兼顾平台推广，车辆段充分地利用现代化培训工具，譬如段职工自主学习平台尽可能多采用视听材料组成课程讲义，一方面缓解工学矛盾问题，让干部职工“有空学”“随时学”，另一方面利用小微课深入浅出、易记易懂的特点，增加参培人员感性认识，提高学习兴趣。

干部教育培训是一项长期的系统工程。发现和分析培训工作中的问题，不断创新培训模式，探寻更有效的新措施、新途径，努力为管理干部打造成长成才的平台，是培训工作的重中之重。天津车辆段通过近年来的学习与实践，达成了向下推进、向上反馈的良性循环，在提升干部培训针对性实效性方面做出了一些创新性的尝试，积累了一些经验。今后要用务实的思维强基达标，用开放的思维拓宽视野，用创新的思维推进发展，不断强化干部培训作用发挥，为建设高素质干部队伍、推动企业改革发展进程起到积极的保障作用。

关于提升重点培训任务组织管理能力的实践与探索

北京铁路专业技术服务中心　李滨汀　郭　倩

集团公司所辖党校、各培训机构及酒店等承办干部培训的有关单位均须对上级分配的重点培训任务做好职责定位，分析各班次特点，厘清培训流程中的关键环节，并结合自身情况进行有效把握，为全面落实“严、细、实”标准，确保高质高效完成培训做出进一步思考。

按照北京铁路专业技术服务中心所承办的重点培训任务（包括党员发展对象培训、财务人员继续教育培训、新课试讲培训等），本文力图寻找各班次规律特征及针对性操作方法。

一、树立精品意识，对重点任务重点关注

要用精品意识、细节意识统领前期筹划、组织实施、评估总结等办班全过程。“精”体现为投入精力、精耕细作；“细”则为细心体察、细致入微。总之，就是用心做事情，设身处地为学员想事情，将一切工作做扎实。

此外，以某次财务人员网络培训为例，说明如何通过对“考试星”功能的创新应用来回应学员关切，解决培训卡点。由于“考试星”平台无法实现培训组织者与学员之间的在线即时互动，在学员测评反馈中，有提出“希望公布课程安排”的建议。对此，班主任对培训流程的设计展开自查和思考，最终在“考试星”课件前关联了课程安排的

Word 文档，在课件后关联了培训测评二维码以及“课程结束”提示字样的图片文件，并将所有环节设定为必学内容。逻辑设计调整后，培训流程清晰可见，打消了学员的种种疑问，如图 1、图 2 所示。

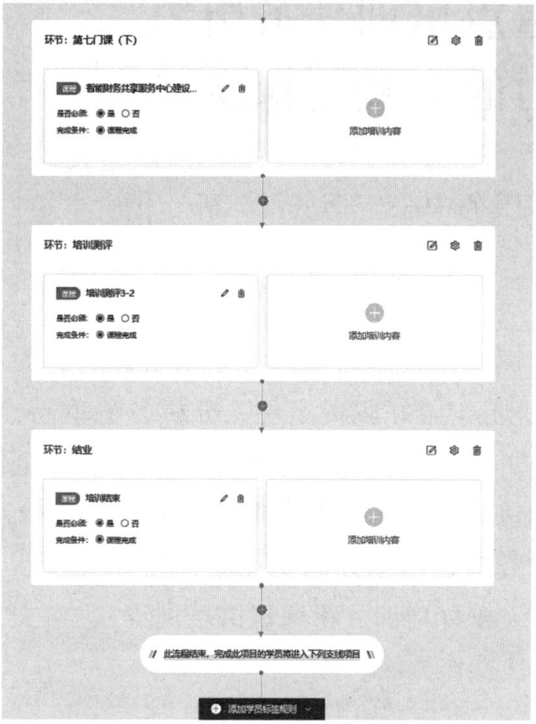

图 1　“考试星”系统端课程设置

图 2　“考试星”学员端

精品意识、细节意识的确立，归根结底是培训服务理念的建立。只有心系学员，才能情之所至；只有用心用情，才可把培训的每个环节做周全。

二、紧抓关键环节，将严格管理贯穿始终

由于工作压力、家庭压力、社会舆论等各种影响职场人思想行为的因素越来越多，学员对企业培训重视程度有所不足，学员管理难度亦随之加大。特别是怎样把“严”的总基调在各班次中持续贯彻落实，已成为培训组织方需要深入思考的重要课题。

重点培训任务通常有“内容满、节奏快”等特征，会占据组织者更多时间精力以投入到培训各环节，所以“保姆式”的“陪伴”“看管”既不可能，也无必要。要正确全面理解“严格管理”的内涵，抓紧抓牢关键环节，以期做到方法得当、精准有效。

（一）召开好预备会

按照流程，正式培训前要召开学员预备会。预备会能够奠定整个培训的主基调和“精气神”，一场好的预备会能够发挥重要的先导作用，为参培学员扣好“第一粒扣子”，同时也决定了后续管理过程的顺利进行。

培训组织者要安排好预备会内容，对培训期间的学习目标、学习任务、纪律规范、校内规则、处罚规定等进行明示。特别要在思想层面做好班前教育，明确任何一名学员不论职位身份，在遵守培训纪律规范方面都没有任何特权。

（二）做好考勤抽查和纪律严查

当前，培训承办方班主任（值班人员）或主办方负责人执行全程跟班，除跟踪监控课堂考勤、纪律，还要在课后深入宿舍进行抽查，对无故离校、饮酒赌博、打架斗殴等违反培训纪律的学员按照相关规定进行处理。

（三）提升班主任的主导主控能力

班主任是培训过程的主要负责人，在执行纪律要求方面是否坚持原则，能否发挥主导力和对局面的把控力，都决定了培训过程能否将“严管”贯彻到底。

增强班主任的主导主控力是一个综合能力提升的过程，需要其具备一定的管理经验、高效的执行能力以及多方面的知识储备，如教育心理学、人文历史、信息科学等理论常识。特别是干部培训所面对的学员，教育水平普遍较高，有些在工作岗位上本身就是管理者，甚至还有过组织培训的“带班”经验，对于班级管理过程经常持有审视挑剔的眼光。这就更需要班主任不断提升自身修养，才能以理服众，满足岗位要求。

在此前的一次党员发展对象培训中，个别学员对于前期反复强调的纪律规定屡犯不止。班主任利用晚自习时间，结合党史内容，为学员上了一堂思想教育课。这堂课明确讲述了中国共产党是一个纪律大党，早在成立之初对一大党纲的讨论确定时，就有人不愿接受纪律的约束，因此展开了激烈的讨论甚至争论。党组织决定仍然坚持加强党的自身建设，严明党的组织纪律，并把纪律规定写入一大党纲。在《关于共产党的组织章程决议案》中，则明确指出“凡一个革命的党，若是缺少严密的、集权的、有纪律的组织与训练，那就只有革命的愿望，便不能够有力量去做革命的运动”。结合党员发展对象身份和培训主题，学员都产生了共鸣，本次教育效果非常显著，此后各种违纪现象也再无发生。

所以“严”管，不只是严格提要求。班主任在培训中要因时因培训内容和培训对象，加强纪律方面的教育培育，晓之以理，动之以情，让学员能够真正入脑入心，才可达到育人化人的目的，也成为行之有效的管理方式。

三、统筹各项资源，为重点任务提供保障

当前，各承办培训的单位都面临资源紧张的局面，在节约资源的基础上高质量完成培训任务，也成为各单位孜孜以求的目标。总体来说，要从人员、部门、设备、物料等多项资源着手，优化组织流程，加强统筹协调。

（一）制订清单，逐项推进

由于培训班在筹备、实施、收尾各阶段都会涉及多个科室之间的

相互协调配合，为此，要制订任务清单，工作职责细化到各相关科室，并按照时间节点有序推进，各部门负责人做好督办。整个过程中，培训项目科室负责人尤其要善于“弹钢琴”，把控好主要工作的主要方面，做好与相关科室的沟通协调，使得培训工作安排更高效有序。

（二）因地制宜，统筹优化

由于校园容纳能力有限，经常会有多个培训班同时在办。为此，需要统筹食宿、教室等资源的占用，采取诸如错峰就餐等各项优化措施使得资源利用最大化。当面临资源冲突难以调和时，其他工作通常要为重点任务“开绿灯”“让路”。

（三）班委聚力，高效办班

按照京人函〔2020〕12 号文件的要求，北京铁路专业技术服务中心实行班主任指导下的班委会负责制。班主任要在开班后，迅速集结班委力量，召开好班委会，布置好各项工作，令其在日常组织管理、班级活动、纪律维护等方面发挥有效作用。

班委会的正向作用不仅可以提升学员自我管理的自主意识，也能够节约班主任的时间精力，以投入到班级管理服务中更为重要细致的工作中，提高管理效率。

四、注重反思查改，为后期提升积累经验

培训过后要善于反思，对整个过程及时复盘，寻找纰漏，以促进培训效果的提升。对于培训后期的整改提升环节，当前仍存在一些问题，需要在思想认识和改进措施上实现如下转变。

（一）要闻过则喜，有则改之

精心准备的各项工作，终究要投入实践，接受领导和学员的检验。不能只接受满屏的“百分之百”，却对不同看法意见存在反弹情绪。应

端正心态，认识到自己觉得到位，未必没有疏漏，要虚心听取他人意见，有则改之，无则加勉。

（二）要立即发现，立即整改

学员意见建议的收集工作不一定只有培训过后才可以做，应随时掌握并随时向主办方或上级主管部门进行反馈，对确有价值的建议，立即做出调整。

（三）要重班级管理，也要重教学组织

班主任的职责不止于执行落实，也要对教学内容、教学组织流程的设计投入智力贡献。

当前各培训班多限于完成主办方规定的培训内容，在教学活动的安排上，形式比较单一。比如，新课试讲培训中，缺少学员之间对于备课授课经验、课题理解、听课感受等内容的交流研讨，或者较少根据课程主题安排学员外出参观等教学活动。这种情况致使部分学员在培训中长时间专注于完善自己的课件，而无心聆听他人讲授，也因此错失与其他学员有效交流的机会。学员对“以培训促提升”的教育教学目的理解不够清晰准确，也会使培训效果大打折扣。

五、结　　语

在教学安排和组织流程等方面，重点培训任务通常对培训的各要素覆盖较全面、标准较高，具有典型性。应从每次重点培训班次的组织实施过程中所暴露出的老问题及出现的新问题着手，积极展开自查自纠，不断创新培训理念，提升办班质量，将主体班办成精品班，为集团公司干部培训树立更多典范。

着力突出培训效果　快速提升专业技术人才队伍素质的思考与探索

邯郸车务段　张庆云　张　雯

治国经邦，人才为急。专业技术人才是推动铁路高质量发展的第一资源和根本保证。习近平总书记高度重视技术人才队伍建设，他指出，要加快塑造素质优良、总量充裕、结构优化、分布合理的现代化人力资源。近年来，邯郸车务段不断加强专业技术人才队伍素质建设，取得了明显成效，但是随着铁路“六个现代化体系”建设步伐不断加快，大量新技术、新设备、新知识在现场的广泛应用，专业技术人才队伍中能力素质不适应、不符合、不匹配的问题日益凸显，专业技术人才培训中师资力量不够强、培训方式不灵活、评价机制不完善等问题亟待解决。针对这一问题，邯郸车务段进行深入调研分析，结合实际，认真研究制订了对策、建议和措施。

一、提升专业技术人才培训效果的重要性

目前，专业技术人才培训是提高专业技术人才岗位规范、专业知识和专业能力等方面的一种有效途径。专业技术人才个人拥有更多的知识技能，便可承担更多的工作和责任。通过培训，专业技术人才往往可以掌握正确的工作方法，纠正错误或不良的工作方法，促进安全生产和经营业绩的提高。同时，培训还可以增进专业技术人才对铁路各项规章制度的了解，增强单位认同感，“想单位之所想，急单位之所

急”，提高和增进专业技术人才对铁路的认同感和归属感。

二、专业技术人才培训中存在的突出问题

人事部门利用半年时间，针对干部培训需求等相关问题，对 219 名专业技术人才队伍培训工作做了调研。调查对象为部分机关干部、现场干部、一线大学生，调查形式采用现场调研、座谈交流、问卷调查、统计分析和研讨等。

（一）现场调研和调查问卷统计结果分析

调研组对铁路专业知识、创新思维、团队领导协作等方面进行细致的现场调研，全面了解各层次、各岗位干部的培训需求。经过汇总梳理发现：机关干部对现岗位的工作程序比较熟悉和非常熟悉的占比最高，现场干部对现岗位的工作程序比较熟悉和非常熟悉的占比次之，一线大学生对现岗位的工作程序比较熟悉和非常熟悉占 50%，认为以现有的知识，对现有的工作比较胜任和非常胜任的仅占一半左右。

同时，车务段运用调查问卷的方式对 2023 年度培训工作总体效果评价、培训需求人群、培训内容、最期望提高的能力及培训模式等方面进行调研，调研结果如图 1、图 2、图 3 所示。

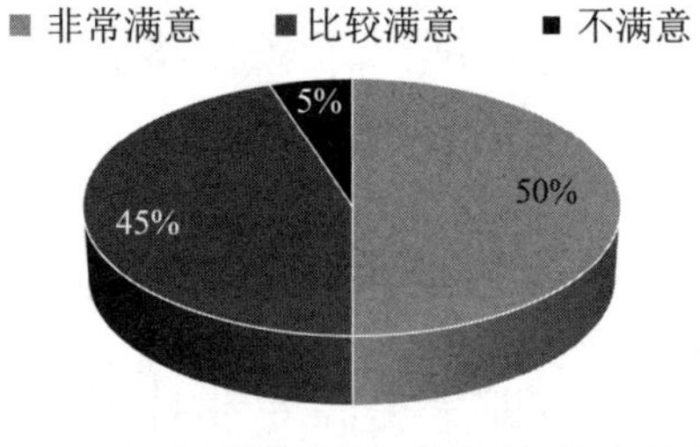

图 1　2023 年度管理和专业技术人员培训工作总体效果评价情况

通过此次调研可以看出，专业技术人才渴望得到培训，培训却以短期为主而中长期较少，培训内容和培训方式与专业技术人才的需求有一定错位。

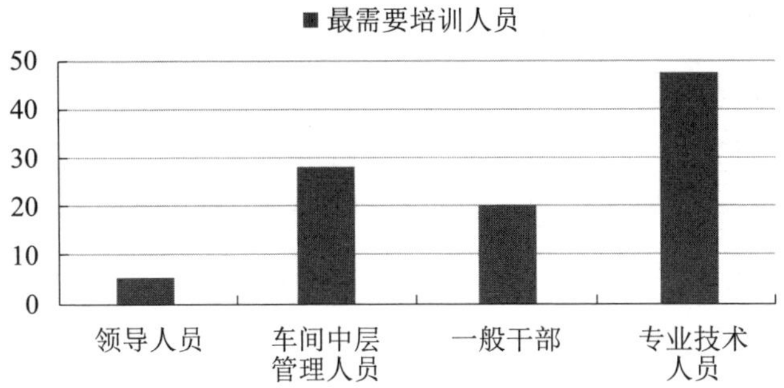

图 2　认为现在最需要培训的人员情况

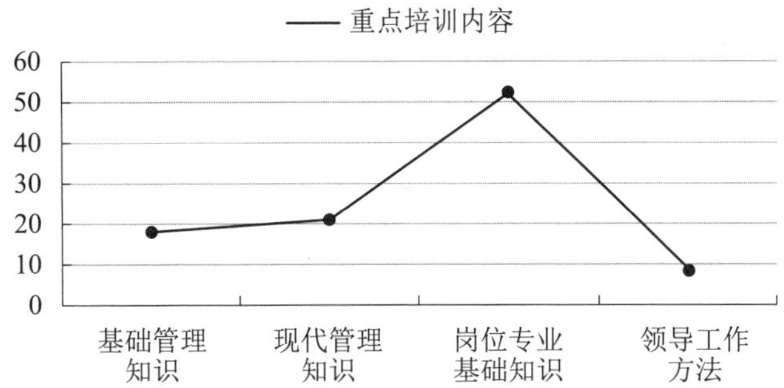

图 3　管理人员提升管理水平对培训内容需求情况

（二）专业技术人员培训的欠缺

1. 培训意识不够强。培训是一项先期投入、长期回报的工作，无法产生立竿见影的效果。同时，由于现场工学矛盾比较突出，一些中间站和业务科室不重视对专业技术人才的培训工作，没有将专业技术人才的开发、利用和管理与铁路发展相结合，缺乏为铁路发展打好人才基础的观念和意识，只注重完成短期工作任务，没有意识到培训有助于提高岗位胜任能力、竞争能力、发展能力等，是有着巨大回报的长期投资。

2. 培训师资不够强。专业技术人才培训专业性强，对于培训师资的综合要求较高。目前，车务段的培训师资力量比较薄弱，专职培训师资较少、占比低，同时培训师资在各方面能力不足，有的培训师资虽然有丰富的专业知识，但是在培训方面欠缺技巧，有的则是二者都不具备，使培训工作"捉襟见肘"。

3. 培训方式不灵活。基层站段培训最难解决的两个问题，一是工学矛盾突出，二是培训方式比较僵化。目前，专业技术人才大多集中在专业管理岗位，日常工作十分繁忙，休息日加班加岗、值班包保、查岗添乘、盯控施工等情况也比较多，集中培训，特别是时间较长的集中培训方式难以落地落实。同时，培训过程中一些师资理论性教学、文件性传达较多，互动性较差，枯燥无味，致使专业技术人员参与培训的意愿下降。

4. 评价机制不完善。培训评估是培训体系中的重要一环，是指对于培训活动进行全面评估，了解培训效果、听取职工反映、改进培训方式的重要渠道。目前，专业技术人才培训评估机制不够完善，培训流程止步于培训活动的结束，没有及时跟进培训评估，导致单位对于培训工作效果无从了解，培训方式、培训内容、培训需求分析等工作改进迟缓，影响培训效果提升。

三、提升专业技术人才培训效果的建议和对策

（一）强化培训意识，形成专业技术人才系统化培训机制

要教育引导中间站和业务科室认识到专业技术人才培训工作对于单位高质量发展意义重大，通过系统培训，帮助专业技术人才有效提高岗位胜任能力、竞争能力、发展能力，让专业技术人才更好成长。在强化培训意识的基础上，根据专业技术人才成长的不同阶段，将专业技术人才分成高级、中级、初级三个级别，并根据对各类、各级人员的素质要求，有针对性地制订差别化和个性化的培训内容，明确培训重点、细化课程组成，逐步形成“菜单式”培训培养。坚持“优秀人才优先培养，关键人才重点培养，稀缺人才抓紧培养，一般人才有计划分层次培养”的原则，实施重点培训，将专业技术人才培养成为高层次应用型人才。要以中间站和业务科室技术人员定编和专业技术人员发展为导向，以技术创新、管理创新和体制创新为重点，以培养和造就高层次技术人才为突破口，实施专业技术人才整体开发、有效配置和充

分利用，以系统的培训机制建设一支以中级为主体、高级为骨干、布局合理、专业配套、后备力量充足、梯次发展的专业人才队伍。

（二）强化师资管理，建设复合型专业技术人才队伍

坚持既有师资动态使用原则，统筹协调职教科、安全科、技术科和生产车间等部门，按照培训科目的不同，“订单式”地对师资力量进行选择，实行现场提需求、专业科室荐人才、人事职教更新调整的动态管理模式，在保证各培训科目师资2～3人的前提下，进一步提高授课教师的专业针对性。同时，引导师资队伍在培养“五种类型”的专业技术人才、建设复合型人才队伍上下功夫。一是理论、技能双高型人才。这类人才具有较高的文化和技术理论功底，能应用理论知识指导实践，是与铁路同步发展的智力型人才。二是开拓创新型人才。这类人才是在制造和应用新技术、新材料、新工艺、新操作技能等方面取得显著成果的技术技能型人才。三是技艺精湛型人才。这类人才长年坚持在生产一线，基本功扎实，能解决生产过程中“急、难、新、重”的难题。四是一专多能型人才。这类人才“精一业、会两手、学三门”，是企业的多面手，知识技能超出了一个工种（职业）的范围。五是传技育人型人才。这类人才热心育人，乐于施教，培训出大量技术骨干，使专业技术后继有人。

（三）丰富培训方式，全方位提升专业技术人才整体素质

改进培训方式，可以有效增强培训效果，更好地满足不同岗位人员培训需求。作为基层站段，车辆段既要不断改进培训方式，又要丰富培训内容。

1. 采取“走出去，请进来”方式拓宽视野。采取分层次分批次组织学习考察，参观学习各种先进的经营理念和管理经验；到站段学习，到实地参观取经，聘请院校教师和专家到段对干部进行专题培训等形式，充分借鉴管理经验和发展思路，从而使高层次技术人员的理念适

应铁路高质量发展要求。

2. 采取座谈会、研讨会、现场会的形式进行交流。请经验足、管理水平较高的高级工程师或高级政工师介绍经验，谈管理经验和对铁路发展的理解与思路，谈当前站段面临的困难和问题，谈如何应对各种形势变化，引导专业技术人员结合实际深入思考。

3. 提高培训内容的针对性和实用性。坚持与实际相结合，面对现实难点、疑点和热点问题，克服贪多求全的弊病，去除一些陈旧的、不合时宜的内容，着力在基本原理和精神实质的掌握和运用上下功夫。要根据铁路新技术、新设备的投入和专业技术人才自身的岗位、专业、文化程度等特点，做到按需施训、因人施教，本着“干什么、学什么”“需什么、教什么”“缺什么、补什么”的原则，对新技术、新设备、新工艺知识等内容进行适应性岗位培训，全面提升人才素质。

4. 进一步丰富培训形式和内容。利用各级研究探讨行业发展的课题，以多种形式向专业技术人员征稿，对征集到的好作品推荐到集团公司参评。组织专业技术人员针对热点、难点课题进行专题研究，编写成册，供专业技术人员在实际中给予指导、提供参考。

（四）强化培训评估，提升专业技术人才培训工作持续性

培训工作改进过程中，需要用好培训评估这一手段，在培训中及培训结束后，跟进培训评估工作，发现培训工作中存在的问题和不足，给后续培训改进提供依据、指明方向。培训评估内容需要兼顾学习、反应、行为、结果等几个方面，评估主体要多元化，评估方法可以采用过程导向及结果导向相结合的办法，通过开展切实有效的评估，深入分析评估结果，从中获取有价值的信息，例如参培人员是否较好地掌握培训内容，对师资是否满意，参培人员行为是否通过培训发生了积极的变化等。如上述调查不理想，则意味着需要在此方面进行改进。通过培训评估，逐步改进培训方式方法，不断提升培训效果，这样才能保证通过持续、有效的培训，让专业技术人才稳步成长，从而成为企业高质量发展的中坚力量。

解决“三不”问题
提升基层站段干部培训效果

唐山站　王洪波　王亚平

随着铁路事业的快速发展，新设备、新技术、新工艺不断投入，对铁路基层站段干部的素质和能力提出了更高的要求。铁路基层站段干部的素质和能力对于保障铁路运输安全、提高运输效率、提升服务质量具有至关重要的作用，因此，如何加强基层站段的干部培训工作，提升培训效果，适应铁路事业的发展需求，是当前基层站段面临的一项重要任务。

一、基层站段干部培训存在的问题

（一）培训内容与实际需求不衔接

1. 培训内容的针对性不强。基层站段培训因受众面的影响，所有涉及到的干部都在一起培训，课程设置内容宽泛，过于笼统，大多是对知识面的雨露均沾，缺乏对知识点的精雕细琢，岗位特性不明显，没有突出各系统、各专业的核心要点和关键技能。

2. 培训内容的实用性不足。培训中讲授的知识过于抽象或陈旧，无法与现实工作紧密结合，又或者缺乏实际案例分析和操作演练，使部分干部对知识的理解仅停留在表面，不能切实转化为工作中的能力。

3. 培训内容的深入性不够。在培训过程中，对专业知识的讲解往往只是浅尝辄止，如同浮光掠影般流于表面，没有深入剖析其本质和内在逻辑，干部难以透彻理解关键要点，在面对实际工作中的难题时依然束手无策，无法真正提升专业素养和解决问题的能力。

（二）培训方式与培训效果不契合

1. 课堂讲授不够生动。有的老师讲课只是照本宣科地陈述知识，缺乏生动的表达和有趣的互动，讲解方式单调呆板，使得知识变得生硬且难以吸收，学员的注意力很难集中，无法激发学员的学习兴趣和热情，影响了学员对知识的理解和掌握程度，这样的课堂讲授难以达到良好的培训效果。

2. 现场教学受众面窄。由于基层站段实训基地不足，场地、资源受限，现场教学往往只有少数人能够参与到现场教学中，大部分人只能被排除在外围，无法直接体验和学习。这就导致知识与技能的传播范围有限，不能广泛惠及所有有需求的人员。

3. 网络培训缺乏监管。网络培训缺乏有效的监督机制，导致一些参培干部敷衍了事，随意打开视频而不真正用心学习，甚至存在挂机等不良行为。同时，老师也无法及时发现学员在学习过程中遇到的问题和困难，不能给予针对性的指导和帮助，不仅浪费了培训资源，也难以达到预期的培训目标。

（三）培训资源与高标定位不匹配

1. 内部师资水平有限。基层站段培训师资主要来自企业内部的管理和专业技术人员，在专业知识深度、教学方法多样性以及对前沿动态的把握等方面与集团公司专业部室存在较大差距，导致在培训过程中对知识的讲解往往不够透彻深入，难以引导学员进行更深入的思考和探索，而且在面对一些复杂问题和新的挑战时，难以给予准确有效的解答和指导，不能适应和满足铁路快速发展和高标准严要求的形势。

2. 设备设施存在短板。受资金、计划、场地条件等因素影响，部分基层站段的培训场所设备陈旧、落后，比如教学用具不齐全、视听设备效果不佳，导致干部不能切实地感受和掌握相关技能，难以获得良好的学习体验。还有一些模拟训练的设施与实际工作场景差距较大，无法让干部真正得到贴近现实的锻炼。

3. 培训管理力量薄弱。基层单位自办培训，受人员编制及缺员、业务繁忙、工作冲突等因素影响，缺乏专业且强有力的培训班管理者，有时培训老师一力承担组织、授课、班级管理、后勤管理等方面的工作，造成培训过程的组织混乱、培训资源的调配不够合理、对学员的管理不到位等问题，影响了培训工作的质量。

二、提升基层站段干部培训效果的措施

（一）以需求为导向优化培训内容

1. 深入开展培训需求调研。广泛调研征求意见是确保培训工作有的放矢、切实有效的关键环节。在制订培训计划和内容时，有关人员要走进各个部门、各个管理和专业技术岗位，与干部进行面对面的交流沟通，倾听他们在日常工作中遇到的困难与挑战，以及对于自身技能提升和职业发展的具体诉求。将问卷调查征集需求、能力素质与短板分析、代表性访谈沟通等多种方式相结合，全面掌握干部队伍的整体情况，将培训内容的必需性和必要性统筹一起，针对共性需求和个性需求分别考虑培训方式，如此才能精准地制订出符合实际需求的培训计划和内容，最大程度地满足运输生产和干部发展的双重需要。

2. 加大案例分析内容比重。在教学中，教师要有意识地加入与岗位履职和教学内容贴合的实际案例分析。案例分析能够直观展现实际工作中可能出现的各种情况，通过一个个生动具体的案例，干部可以深入研究问题的本质和解决思路，将抽象的理论知识与实际情境紧密结合。这样的方式能极大地增强培训的实用性和实效性，能培养干部的分析和解决问题的能力，让他们在面对类似情况时能够迅速做出反

应并采取恰当的措施，最大限度确保生命财产和铁路运输安全。

3. 提升培训教材教案质量。高质量的培训教材教案是确保干部培训工作高效、优质开展的重要基础，能够系统、全面地呈现知识体系和技能要点，给予干部清晰明确的学习指引。在编写教材教案时，要结合传统知识和最新变化，融合基础理论和生产实践，注重纳入铁路最新的理论成果和实践经验，精心策划和组织内容，确保其准确性、实用性和先进性，让教材教案始终保持与时俱进，助力学员更好地提升能力、适应发展。

（二）以效果为目的创新培训方式

1. 强化复合式培训。基层站段点多线长、干部岗位分散，段部与生产一线之间系统贯通，业务交融，为了不影响正常的运输生产，减少工学矛盾，需要将多种培训方式和内容有机结合，构建起一个全面、系统且富有层次的培训体系。可以采取线上与线下复合式培训，与段部距离近、休班的干部线下集中，与段部距离远、现场值班干部线上视频，以充分利用现代信息技术拓展学习资源和渠道，打破单一培训模式的局限；亦可根据师资情况开展教室授课和送教上门的复合式培训，尤其是针对实操性强的培训，在一线干部不便集中统一授课时，应服务生产、服务一线，现场与干部面对面交流与互动，在不影响生产的前提下，全面提升干部的综合素质和应对复杂问题的能力。

2. 实施灵活式培训。培训要想取得更好的效果，就要在一定程度上摆脱传统固定模式的束缚，根据不同的培训需求以及实际情况进行灵活的调整和安排，既可以有集中授课，也可以交替进行小组讨论、自主学习、实践演练等多种方式，以激发干部的积极性和参与度。此外，还可以借助工作例会、交班会等时机开展简短有益的微型培训。这种灵活式培训能够最大程度地适应各种复杂情况，对培训内容可以更加具有针对性，切实提升培训的效率和质量。

3. 开展互动式培训。互动式培训能够很好地调动参培干部情绪，老师带着先进理论和经验，学员带着问题和困惑，将培训内容融入到教师与学员的沟通过程中，通过小组讨论、案例分析、角色扮演等丰富多样的互动，让干部们能够畅所欲言地分享彼此的经验、观点和见解，碰撞出思维的火花，既能避免枯燥无味、精神不集中等问题，又能加深对知识的理解和掌握。同时，培训老师也能在与干部的互动中及时了解其困惑和需求，以便更好地调整培训策略和内容。

（三）以资源为支撑强化培训效果

1. 加强师资选拔培养。建立内部师资选拔和培养机制，选拔优秀的专业技术人员和管理人员担任培训教师，并定期组织培训和交流，提高师资的教学水平和专业素养。建立培训师资库，对师资进行分类管理和动态调整，优先推荐库内人员参加国铁集团和集团公司系统内的高水平培训，鼓励他们创新教学方法和手段，打造一支高素质、专业化的师资队伍。充分运用专家库和人才孵化点建设，合理安排专家大拿进行授课，促进理论研究和现场实际结合，推进立项攻关和干部培训双向促进。

2. 充分运用外部资源。充分运用外部培训资源是提升培训成效和拓宽培训视野的重要举措。通过聘请集团公司层面专家授课，与地方培训机构、行业专家、高校等建立合作关系，引入他们丰富的知识储备、先进的教学方法和广泛的实践经验。这些外部资源可以为基层站段的培训带来新的思路和观点，弥补内部资源的不足，让干部接触到行业前沿的理念和技术，开阔眼界、增长见识，进而全面提升个人的能力和素质。

3. 强化培训基地建设。培训基地是开展培训工作的重要场所和依托，要加大对培训基地的投入，完善基础设施建设，包括宽敞明亮的教室、先进的教学设备、齐全的实训场地等，以满足铁路各主要工种的培训需求。同时，要注重培训基地的管理和运营，建立科学规范的管理制度，确保基地的高效有序运转，提升教学质量，将培训基地打造成一个集学习、实践、交流于一体的综合性平台，为铁路高质量发展培养出更多符合时代需求的高素质人才。

三、改进过程中的难点及面向未来的展望

在提升干部培训效果的实践和探索中，虽然已经有了一定的方向、措施和目标，但在具体的推进过程中也会遇到相关的难点。

1. 培训模式已固化，在改革上难以突破。课堂式教学、现场实践教学等单一的教学模式已经传承很久，网络教学也得到了很好的运用，但在时间紧、任务重、需求多样化的情况下，尤其是基层站段在培训的组织管理能力有限的情况下，如何建立起全新规范、科学有序的干部培训管理机制，还需要进一步的研究探索。

2. 师资培养周期长，在短期内难以提升。基层站段师资队伍根据工作或锻炼培训需要，有时不够稳定，新调整的培训师资自身的专业储备和培训经验水平有限，在短时期内，师资队伍基本仍会保持参差不齐的情况。因此，师资的培养过程也是整体队伍的提升过程，提高师资队伍的整体水平还需要持之以恒、久久为功。

3. 培训安排集中时，在时间上难以调和。基层站段安排培训计划，要避开集中修、汛期、春暑运、节假日等一些特定阶段。同时，国铁集团和集团公司的培训也有相应的规律，难免有培训集中的情况，集中脱产培训对干部缺员单位的现场工作需求有一定的影响，如何合理安排培训班次，精简培训内容，减少工学矛盾，还需要统筹考虑。

干部是推动各项事业前进的关键力量，高质量的培训是提升干部能力素质的基础，是铁路加快构建“六个现代化体系”的重要保障。因此，在提升新时期基层站段干部培训质量和效果上，要深入学习贯彻习近平新时代中国特色社会主义思想，积极探索干部培训新理念，健全完善干部培训新机制，精心构建干部培训新格局，紧密围绕国铁集团党组和集团公司党委部署，凝心聚力，守正创新，切实提升干部的实际操作能力和应对复杂局面的能力，为推动首善之局高质量发展、率先实现铁路现代化取得新成效提供思想政治保证和能力支撑。

关于如何做好新形势下培训形式创新的思考

北京北站　解玉薇　王　赓

在铁路行业迈向现代化的新征途中，打造一支技术精湛、管理高效的人才队伍是核心战略。实现这一目标，必须深化人才培训机制，直面挑战，摒弃传统束缚，大胆创新培养模式。通过精心构建学习、实践平台，培育促进更多的管理和专业技术人员成为行业系统“代言人”、职工“带头人”，为构建铁路“六个现代化体系”和首善之局建设提供坚实的人才保障。

一、坚持问题导向，找准培训短板弱项

对照国铁集团和集团公司领导干部会议精神，以及集团公司对管理和专业技术人员培训的新要求，当前站段层面的培训工作主要面临以下三方面的问题。

1. 吸引力不强。目前的授课方式普遍采取单向的政策阐释、理论灌输，缺乏针对性和灵活性，缺少互动和实践环节，缺乏对实际业务操作和管理技能的深入探讨。

2. 针对性不够。培训过程中引导性不强，缺乏结合实践的深层次解读，不能激发参培人员自我学习的意识，参培人员静不下心、学不进去，培训效果大打折扣。

3. 系统性不足。培训评估机制不完善，培训组织方在培训结束后

往往只是进行简单的考试或问卷调查，缺乏对培训效果的深入分析和评估，无法准确了解参培人员的学习情况和培训效果，难以对培训内容和方式进行针对性的改进。

二、深挖问题内核，摸清培训病理病脉

对标对表集团公司管理和专业技术人员培训工作要求，针对上述三方面问题，对近年来管理和专业技术人员培训情况进行系统剖析、追溯分析，可知问题根源主要存在于培训前调研、培训中创新、培训后闭环管理等方面。

1. 调研不充分，培训效果不强。目前的培训班大多数仍然停留在“上级让培什么就培什么”的阶段，老师照本宣科，学员囫囵吞枣，没有提前调研参培人员欠缺的是哪些知识，渴求的是什么培训形式，什么方式能够激发培训兴趣，什么途径能达到事半功倍的效果；或是调研流于形式，缺乏促成知行合一的理论实践，培训效果不突出，技能提升不明显，甚至导致学员私下里对培训效果的不满和抱怨，认为培训仅仅是走过场。

2. 形式不新颖，学习积极性不高。传统的课堂能够提供系统的知识教学，但学员在课堂上未能完全吸收的内容，在课后也难以得到有效巩固，且不能满足不同专业、不同程度的个性需求；自学的方式能够兼顾工作，但受限的学习内容，缺乏指导和监督而又单调的学习过程，使得这种模式越来越不适合那些需要解决工学矛盾、追求创新思维的管理和专业技术人员。

3. 闭环不彻底，成效难以凸显。一个优秀的培训班次，对于培训效果的评价过程是需要科学、严谨的评价体系作保证的。如果考核评估方法过于简单，缺乏全链条、全过程的评估分析，得出的结论往往同实际情况会有较大偏差，这不仅无法准确衡量培训成效和参培人员的吸收程度，也使得今后的培训不能真正做到因材施教。此外，这种考核方式还阻碍了培训内容和方法的创新与改进，导致培训模式僵化，

参训人员兴趣下降，进而影响培训效果。

三、按照“四抓”思路，深化培训工作

（一）抓内容，让课程符合实际、贴近实用

1. 聚焦问题和实践导向，提升培训的针对性和实效性。通过定期开展培训需求调研，深入了解各层级、各类群体“本领需求”，坚持缺什么补什么，将“用工作实战、工作实践、工作实际需求牵引课堂教学”理念贯穿培训全过程，将“三个一”工程（即“打造一堂精品课、组织一个精品班、培养一名精品师资”）作为管理和专业技术人员培训的根本目的。

2. 分类分级开展精准培训，提升培训质量。充分认识教育培训在管理和专业技术人员培养体系建设中的重要作用，丰富培训层级和课程体系，把习近平总书记关于人才培养、党的建设等重要论述和对铁路工作的重要指示批示精神等纳入培训课程，融入源头培养、跟踪培养、全程培养，把理论武装、理想信念教育等贯穿教育培训和培养成长过程，将其与管理和专业技术人员培养有机衔接，注重理论与实践紧密结合，创新培训模式，提升培训质效，适应车站高质量发展需求。

3. 深化知行合一，提升教育培训实效。在管理和专业技术人员的培养中，理论教育是基础，党性教育是根本，业务知识是关键，要做到理论“真学真懂”，业务实践“真用真行”。统筹培训内容和节奏，先讲理论，后实践，再总结，最后达到理论指导实践和实践反馈理论的目的，推动理论和实践交叉、压茬、叠加进行，促进同期同层级以及不同层级的课程板块之间形成逻辑、承接交互、梯次接续。

（二）抓形式，让培训生动丰富、有吸引力

1. 加强课程设计，提升针对性。针对性地提供多样化的课程，实

行因“班”制宜、因“岗”制宜的策略，为各个培训班量身打造独特的培训方案和教学设计。对生产一线大学生突出理想信念、职业规划、班组管理、安全风险管理、公文写作、沟通技巧、职业道德等培训；对一般管理人员突出党性修养、执行力提升、廉洁自律、专业管理、团队管理和调查研究等培训；对中层管理人员突出政治信仰、廉政风险、工作谋划、管理创新、团队引领和调查研究、应急处突、沟通协调等培训；对领导人员层级突出政治引领、战略思维、责任担当、廉政风险、科学决策、领导能力、应急处置、统筹布局等培训，以确保培训内容既紧密围绕车站中心工作的核心主题符合实际需求，又能够与时俱进。培训过程中还应不断总结提升，优化和更新培训内容，增强培训设计的问题导向性和精准性，从而进一步增强培训的针对性和实效性。

2. 创新培训形式，突出系统性。遵循 10% 向理论学、20% 向别人学、70% 从实践中学的原理，通过综合运用案例式、模拟式、启发式、研讨式、互动式以及组合式等多种教学方式，充分展现各类授课方式在教育培训中的优势所在，进一步增强课程的吸引力和生命力，确保培训起到实效。

3. 广泛开展调研，突出适应性。在培训开始之前，通过问卷调查、交流座谈、入学测试、个别访谈、随机调查等多种调研手段，深入了解参培人员对教育培训内容的具体需求，精准规划课程，以确保培训内容不仅与参训人员的实际需求高度相关，而且能够有效解决他们面临的问题。在教学过程中，认真落实“两带来”制度，树立鲜明的互动导向，探索实施案例式互动、圆桌式互动、提问答疑式互动以及热点难点研讨式互动等多种具有显著效果的方法手段，并将重点、难点问题及时汇总整理形成“案例库”，强化对培训中形成的研讨成果的充分运用，以此来保证培训内容在参与者中消化吸收，产生教学共振和情感共鸣，进而确保教学效果。

（三）抓方法，让教育拥有实效、促进实践

1. 打造高素质复合型师资队伍，提升培训实效。用好各类师资队伍，加强车站兼职教师、专业骨干队伍建设，鼓励其承担集团公司重点课题研究、培训授课、任务宣讲等工作，培养一批既能传道授业、解疑释惑又能开展课题研究的复合型师资队伍，筛选有丰富管理经验和专业技术的科室、车间人员授课，复制推广本科室、车间管理经验以及工作技巧，确保在数量、质量和结构上满足管理和专业技术人员培训需要。通过邀请集团公司、党校等理论专家授课，加强管理和专业技术人员思想理论学习，不断提高其运用科学理论指导实践、推动工作的能力。

2. 实施“学研”结合策略，深化理论与实践融合。通过采用“学习+研讨+调研”的模式，先进行理论学习，接着通过研讨思考，促进知识的深入理解和吸收。应结合不同层级参培人员的实际工作，针对急需解决的问题和关键任务，组织进行现场调研和挂职实践，以实际行动有效推动问题的解决。

3. 实行“学练”结合模式，提升学习的互动性和应用性。突出“学习+练习+实践”，设计案例教学、体验教学等，通过模拟演练、现实场景，让参培人员参与其中、练习其中。统筹培训内容和节奏，遵循先理论后实践再总结的顺序，确保学习和实践的紧密衔接。通过相互评价和专家点评，引导参训人员保持高度的学习热情，从而提高他们的实际操作能力。

（四）抓追踪，让培训跟进落实、持续优化

构建全面的培训质量监控和追踪服务系统，覆盖培训的全周期，从计划制订到筹备实施，从培训执行到结业反馈，再到后续培养，完善培训前的需求调研、培训中的执行监控、培训后的效果跟踪机制。确保反馈渠道畅通无阻，对参培人员的综合素质、工作绩效和培训需

求等进行深入分析和评估，实现对参培人员学习、工作和岗位成长的持续追踪。同时，建立组织人事部门、参培人员所在部门与个人之间的直接观察和评价机制，为组织准确掌握参培人员素质和能力提供有效平台。

管理和专业技术人员培训工作是提升管理和专业技术人员整体素质，推动集团公司、车站高质量发展的重要途径。针对当前存在的问题和不足，应结合实际，积极探索改进创新管理和专业技术人员培训工作的策略和方法，努力提升培训的质量和效果，切实做好管理和专业技术人员培训计划制订、组织实施、评估追踪工作，实现闭环管理，高质量培训管理和专业技术人员，如此才能达到高水平服务集团公司改革发展和党的建设，推动车站高质量发展取得新成效的目的。

信息化背景下铁路党员干部培训资源开发研究

机关党委　任志宏　张元龙

在当下信息时代，人们的工作、学习越来越离不开移动互联网，随着4G的普及、5G的更迭，互联网给人们的生活带来越来越多的便利，这为开发信息化背景下铁路党员干部培训资源的研究提供了先决条件和物质保障。现代化铁路科技创新体系建设作为铁路“六个现代化体系”建设方案之一，信息化是其中重要一环，将全面引领我国铁路深化改革，深刻影响铁路干部职工的工作和生活方式。在信息化背景下，应积极应对培训新形势、新要求，坚持教育初心，不断开拓创新，探索开发更加优质的网络培训资源，从而实现有效的交流、分享、合作，进而实现优质资源共享、优势互补、共同发展。

一、信息化背景下党员干部教育培训的新思维

当前，传统的线下集中开展教育是党员教育培训的主要手段，随着互联网技术的不断发展，结合党员教育培训工作实际，党员干部教育培训工作面临新的挑战。一是培训内容迭代缓慢。在现实培训中，一些新理论、新知识内容更新较慢，再加之传统的集中面授形式不能全员覆盖，不能起到培训拓展的效果。二是培训形式单一。传统的集中面授缺乏新颖性，大多为教师到党员干部学员间的单向输出，即使部分教师新增了课堂互动，但是个性化需要仍得不到满足。三是培训

管理滞后。目前的培训管理以人员管理为主，虽然采取了一定程度的信息化手段，比如电子签到、调查问卷等，但是对党员干部学员的学习数据等做不到及时反馈和适时调整。显然，传统的培训模式已经不太适应信息化背景下的教育形势，那就需要发散思维，创新工作，运用互联网思维对教育培训进行重构，进而找出新思路、适应新形势、开创新局面。

互联网思维就是在互联网+、大数据、云计算等新型科技不断发展的背景下，对线上培训思考进行重新理解，包含用户思维、大数据思维、平台思维等。

（一）用户思维

用户思维强调以用户为核心，一切培训工作以用户的需求为出发点，以用户的满意度为落脚点，秉承以人为本、服务为本的理念，将更多的关注放在培训资源是否满足了用户的心理需求上。党员干部培训就是要把“以人为本、服务为本”作为教育培训的核心所在，积极在探索服务集团公司改革发展和党员干部素质能力提升上下功夫。

（二）大数据思维

大数据思维是信息化技术的进一步变革，强调对数据的挖掘、分析、关联和处理。铁路党员干部网络培训会产生大量的数据，运用大数据思维进行量化、分析和处理后，就能从数据的背后发现线上培训过程中所蕴藏的教与学的关联，能够及时、动态掌握党员干部的学习情况，大力提升党员干部线上教育的科学化水平。

（三）平台思维

平台思维强调开放、合作、共享，是互联网视域下的“核心交互”体验。通过平台建设，对党员干部网络培训各方面进行统计分析、理顺关系、共享共建，不断拓展铁路党员干部网络培训的发展空间，充分发挥党员干部培训引领作用。

二、信息化背景下党员干部教育培训的新特征

当前，集团公司线上培训呈现出百花齐放、百家争鸣的局面，但是还不够完整，未形成制度化、系统化、模式化，整体上呈现以下三个特征。

（一）在线教育风帆正劲

随着信息化的不断发展，互联网平台逐渐成为培训“新宠”，集团公司党委宣传部、各运输站段等都相继建立了网络学习教育平台，通过开展“理论微课365”、网络课堂等形式，实现了党员干部教育培训线下到线上的拓展。

（二）培训资源丰富共享

通过信息化技术，集团公司各单位能够将优质教学资源进行整合，共同打造教学资源库，既包括图文、音视频、PPT等多样化课件资源，也包括面向不同培训对象、涵盖不同培训主题的数字化课程内容。

（三）教学相辅个性定制

传统的线下教育培训更多地采取集中统一教学模式，虽然课堂互动性高，但难以兼顾不同党员干部的特点需求。信息化背景下的网络培训，打破了传统模式，通过在线测试、问卷调研等方式，平台可以精准地掌握参与培训的党员干部的知识结构和兴趣爱好，据此制订个性化的学习计划，提供个性化的培训资源。

三、推进信息化背景下党员教育资源开发的建议

当前，铁路改革发展正处于推进铁路高质量发展、率先实现铁路

现代化的关键时期，这对党员干部培训工作提出了更高要求，需要不断解放思想、创新理念、丰富形式、拓宽渠道，以更加精准的培训内容、更加高效的教学方式、更加严谨的培训管理，不断提升党员干部培训的质量和效果。

（一）强化思政教育资源

1. 丰富思政教育内容

一是要打造党员干部思政教育资源专辑，开发党的理论知识、党史、党的精神、党纪学习教育等贯穿党的各方面的网络课程资源，作为思政教育的主力渠道。二是要创新网络思政教育模式，采用新媒体手段，通过微信公众号、手机报等平台进行思想引导。三是要尝试开展沉浸式体验的课程开发，利用虚拟现实等技术或在红色教育基地还原重要历史场景等方式，加深党员干部的思想认同。

2. 开展主题实践活动

要将党员干部培训与主题实践活动有机融合，结合集团公司年度党内主题实践活动、主题宣讲等重点工作，设立网络主题实践活动专栏，组织党员干部参与线上交流、主题论坛，汇集不同区域不同领域的思想之光，提高主题实践的实效性。

3. 加强网络培训监管

一是要充分明确在线培训内容的合规要求，严禁涉密内容上网。二是要强化日常监督，运用大数据进行比对，加强后台审核。三是要完善预案，对可能发生的泄密行为要有应对措施，争取将影响控制在最低范围。

（二）提升在线资源质量

1. 强化内容属性

在线资源要突出政治属性，强化思想引领。除了要讲好党的理论知识外，更要深入浅出地阐释好中国特色社会主义的实践逻辑。比如面向党员干部，可以使用典型事例、先进事迹阐释党的创新理论在工作中的实践应用；面向党员领导人员，可以通过重大决策案例，诠释习近平新时代中国特色社会主义思想的科学内涵。此外，要及时更新热点内容，结合当前开展的主题教育等形势任务，丰富学习资源。

2. 注重形式多样

一是可以实施弹性学习，打破传统课程的围墙，实现组合教学。二是可以应用数字化手段，如通过虚拟仿真、应用场景还原等沉浸式教学新手段，激发党员干部学习兴趣。三是运用大数据思维，利用算法优化推送个性化学习资源。四是可以组织知识竞赛、网络答题等互动方式，营造氛围，提升学习的针对性、主动性、参与性。

3. 建立评价机制

在线资源除了输出属性之外，还需设计输入的功能，将需求调研、需求分析、资源设置、效果评估等流程转移至平台，方便管理的同时，能更好地厘清需求、评价效果。

（三）完善服务支持保障

1. 分类施策，提升服务精准度。针对不同党员干部的特点，课程设置上要体现出差异化。比如对党员干部，可设置普通教师做针对性学习指导；对党员领导人员，可配置专家教授做前瞻性政策解读；对有其他需求的党员，建立网络课程资源定制服务，满足不同群体的不同需求。

2. 简化操作，保障服务流畅性。平台的运营管理，无论是前台访问，还是后台运维都要坚持一切从简，以用户思维秉持服务为本的理念，确保体验无障碍、服务无止境。

3. 提升素养，强化服务专业化。在线资源质量的高低，与教师的信息化素养和教学技能有直接的关系。为优化资源质量，一是要组织教师学习掌握数字化教学、融媒体工具的应用能力。二是要重点运用案例教学、情景模拟等教学创新手段，不断提升教学融入度。三是要不定期举办教学工作研讨会，促进教师经验交流、相互借鉴、各取所需。

随着信息化建设的不断推进，网络教育资源的开发水平也需要不断提升。要积极探索网络教学资源开发的新手段、新技术，不断强化思政教育资源，提升在线资源质量，完善服务支持保障，更好地发挥网络教育的聚合效应，为集团公司高质量发展提供坚强政治保障。

干部岗位履职必备知识培训考试系统的应用与展望

阳泉站　余　将　赵艳红

一、引　言

在信息化、数字化快速发展的时代背景下，线上培训考试系统已成为现代教育培训的重要载体。干部岗位履职必备知识培训考试系统（以下简称履职考试系统）已经广泛应用于北京局集团公司干部教育培训领域，是促进干部业务知识学习的重要平台，是检验干部业务素质达标的重要渠道，是提升干部岗位履职能力的重要手段，也是优化干部岗位调整配备的重要参考。自 2019 年履职考试系统上线以来，截至 2024 年 8 月，北京局集团公司管辖阳泉站累计发布考试任务 35 场、参加考试 1622 人次、在线练习 72676 人次。然而，当前履职考试系统在实际应用中仍然存在一些需要优化的地方，本文通过阐述履职考试系统的应用现状，分析其实践效果及存在的不足，进而对履职考试系统未来发展进行展望，以期为系统后期优化及提升干部培训质量提供有益的思路。

二、履职考试系统的应用现状

履职考试系统依托现代信息技术，一方面为各级干部提供了便捷、高效的学习与检验服务。通过该系统，干部可以在工作之余进行在线知识练习、错题统计回看和视频学习，并定期参加在线考试，有效提升了学习效率和质量；同时，该系统还提供了丰富的题型，能够自动组卷、阅卷和评分，可以个性化关联岗位相关题库和区分关键、其他岗位，满足了不同系统、不同专业、不同岗位的干部培训需求。另一方面，履职考试系统还为管理者提供了人员维护、考试发布、练习统计、学时统计等模块，可以实现对练习、考试及获得学时情况查看与统计，也可以直接导出部分数据用于后期分析，如图 1 所示，为管理者练习日常监督、组织考试实施、后期统计分析提供了极大的便利。然而，在实际应用过程中，履职考试系统也存在一些不足或潜在的挑战，需要进一步完善和优化。

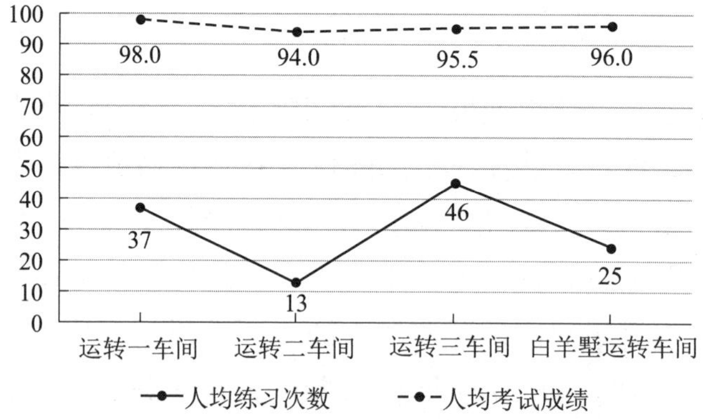

图 1　二季度练习次数与考试成绩后期分析图

1. 在线练习方式陈旧。履职考试系统中的“在线练习”是干部主要的学习方式之一，然而每次练习是自动组卷且题数固定，不能根据个人需求设置练习题数，即使多次练习也很难全覆盖全部题目，难以满足干部通过全覆盖练习以求查漏补缺的需求。此外，练习时该系统没有针对未掌握、拿不准的题目而设的标记功能，结束后干部无法查看题目来源或答案解析，不便于干部及时将知识进行针对性补强。

2. 培训内容有待更新。培训内容是履职考试系统的基础，培训内容的好坏直接影响培训质量。定期更新培训内容，是适应不断变化的工作环境、阶段重点和业务需求的内在需要。目前存在个别题目更新不及时现象，尤其是由于政策规定发生新变化导致个别题目信息有误，需要及时维护、确保准确。此外，个别综合性科室（部门）干部尚无自身岗位题库或岗位题库关联性不强，基层站段各岗位关联题库也需要进一步细化完善、贴合实际。

3. 工学矛盾较难解决。视频课程学习虽然进一步丰富了培训内容，但在一定程度上增加了广大干部的学习时间。面对当下快节奏、高效率、严标准的工作形势，在线下既有培训要求不变的情况下，工学矛盾可能会进一步突出，如何充分将线上视频课程学习与线下相关业务培训班相结合、相补充以提升培训质量、缩短培训时长，还需要相关培训组织部门提前谋划、统筹考虑。

4. 基础管理不够便捷。用户信息方面，当前履职考试系统用户基础信息未与组织人事系统或其他相关系统互联互通，涉及干部岗位、职务及其他基础信息变化时需要单独维护，占用时间较多。考试练习方面，目前基层站段根据需要创建的个性题库只能设置临考任务或加入普通任务，无法实现练习功能；考试任务每次均需要单独设置，若能实现复制考场功能，便更能方便考试组织。

5. 数据体现不够直观。一方面，目前履职考试系统只对近 7 日练习与考试人次统计有直观的图表显示（如图 2 所示），不能够选择对月度、季度及年度练习与考试人次进行直观显示，不便于管理者对干部练习与考试人次的整体变化进行分析。另一方面，目前个人通过练习或视频学习获得的学时只能逐月查看统计，年度获得的学时数则需要人工累加计算，对干部自身日常掌握很不方便。

三、履职考试系统的未来展望

履职考试系统在未来有着广阔的发展前景和重要的应用价值。

1. 智能化与个性化。随着人工智能和大数据技术的不断进步，履职考试系统可逐步实现更精准的智能评估和个性化学习推荐。一方面

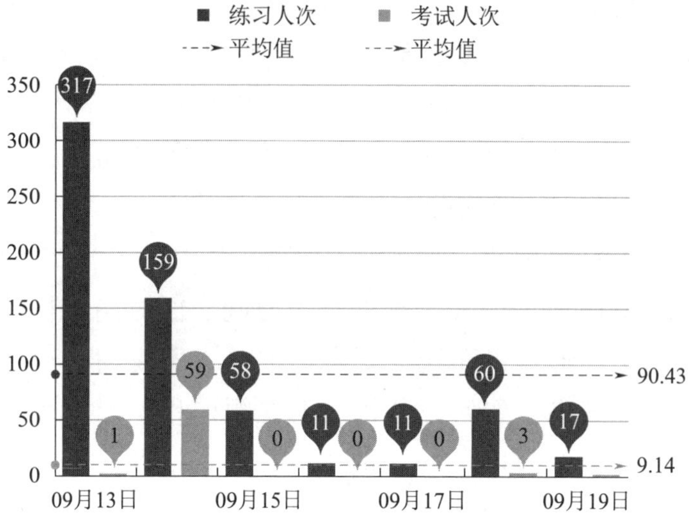

图 2　近 7 日练习与考试人次统计

可以根据干部的基础信息和岗位需求，通过智能评估为其制订个性化的培训计划，精准推送相关的培训内容和资源，帮助干部快速掌握履职必备知识。另一方面还要给组织管理部门创建自主学习空间，各部门可以结合实际管理需要，自主上传或指定学习视频，使得培训更具针对性与实用性。

2. 移动化与碎片化。随着移动互联网的普及和智能终端的广泛应用，履职考试系统未来需更加注重移动端的开发和应用。履职考试系统移动端将充分释放碎片化学习的效能，突破空间和网络限制，方便干部随时随地进行学习，有助于工学矛盾问题的解决。同时，移动端上还可开发便捷、丰富的互动功能，如题目注释、答题挑战、积分激励、在线讨论、答疑解惑等，有助于激发各级干部的学习兴趣和积极性。

3. 虚拟化与场景化。为了增强学习的实战性和体验感，适应干部年轻化的需要，履职考试系统未来可更多地采用虚拟仿真技术和场景化学习设计。可以结合各系统各专业应急处置案例或脚本，通过构建虚拟的工作环境，模拟相关工作场景，实现可视化的实操演练，提升干部履职能力和应对复杂情况能力，尤其是非正常应急处置的能力。比如可将车务非正常处置流程引入，结合线路图进行模拟演练，方便干部掌握处置关键。

4. 数据分析与显示。充分借助数据分析模型，履职考试系统未来可进一步对干部培训数据进行深度挖掘和评估，可结合月度练习、季度抽考、年度统考要求及数据，实现个人或部门整体练习考试的月度、季度、年度数据分析，也可实现关键岗位、其他岗位干部相关练习考试的数据分析，并将分析结果进行实时可视化显示，为培训提供更加精准的决策，为组织调整和干部发展规划提供更加有力的支持。

5. 系统安全与更新。在履职考试系统的发展过程中，安全和隐私保护将是不可忽视的重要方面。该系统需要建立更加完善的权限管理机制，采取严格的数据加密和隐私保护措施，既保证干部的学习数据和个人信息不被泄露或滥用，又确保内部信息、敏感内容的安全，杜绝失泄密事件发生。同时，随着岗位履职要求和知识的不断更新和变化，系统需要建立定期更新机制或者开设“错题纠正”功能，及时将最新最准的知识纳入培训内容中。

四、结　语

干部岗位履职必备知识培训考试系统的应用对于提升干部履职能力具有重要意义。在实际应用过程中，要充分发挥系统各项功能，强化培训效果。未来，随着技术的不断进步和干部教育培训工作的深入发展，需要持续关注和研究系统的不足，不断完善和优化系统功能和管理策略，确保干部能够跟上时代的发展、形势的要求和工作的变化，在勇当服务和支撑中国式现代化“火车头”的实践中打好素质基础。

干部岗位履职必备知识培训考试系统应用与管理研究

北京车务段　郝嘉睿　彭　程

新时代新征程，全面推动铁路高质量发展对铁路基层站段干部素质提出了新要求，而提升干部素质最主要的途径是干部培训。北京局集团公司干部岗位履职必备知识培训考试系统（以下简称履职考试系统）是北京局集团公司人事部（党委组织部）组织开发的促进干部利用计算机网络自觉加强业务知识学习、主动提升履职能力的重要渠道和有效载体。北京车务段通过对履职考试系统运用及访谈、座谈会等形式的调研，对系统应用、管理现状及遇到问题进行了深入分析，并就如何改进进行了认真研究与初步探索。

一、应用现状

为切实发挥履职考试系统作用，确保收到良好效果，北京车务段从基础管理、考试应用、日常学时等方面运用履职考试系统开展干部培训工作。

（一）基础管理

1. 人员管理方面。应对调出、调入人员及时转接，对退休人员及时删除，对长假非在岗人员及时锁定，确保练习考试人员与现员保持一致。

2. 题库关联方面。对岗位职责发生变化的人员，应根据修订的安全生产责任制及时关联新岗位，确保练习考试题库与现岗位保持一致。

3. 个性题库方面。按照专业部室要求补充个性题库并在考试中进行设置，如按照客运部要求，结合客运抽考共性题库，补充了车务段客运方面的个性内容，增设了客运工种个性化题库。

（二）考试应用

1. 常规考试。北京车务段根据人事部（党委组织部）要求，每季度开展干部抽考，每年度开展年度统考，对新岗位任职人员在任职后3个月内及时开展新岗位任职考试，考试合格方可上岗。

2. 专业干部抽考。结合专业系统干部定期抽考要求开展专业干部抽考，如结合运输部有关要求，每月对照运输部季度抽考有关规定，对车务系统干部开展月度抽考并下发考试通报。

3. 临时考试。充分利用履职考试系统的“临考”功能开展临时考试，如在选聘管理和专业技术人员过程中利用临考系统开展理论考试，再如针对新任职车间主任、副主任培训班等无岗位关联题库的专项培训，录入主办部门提供的题库与参培人员信息，利用本单位履职考试系统独立网址设置了在线练习，方便参培人员练习，确保考试顺利通过。

（三）日常学时

北京车务段采取月底提醒与次月强化考核相结合的方式抓好日常练习及视频学习等日常学时工作。

1. 月底提醒。月底对于未完成日常练习及视频学习的，通过办公网下发通知等形式进行提醒，促进其量化按期完成。

2. 次月考核。次月初对于上月无故未完成练习的，在月度干部履责绩效考评情况通报中进行通报，并进行经营业绩考核。

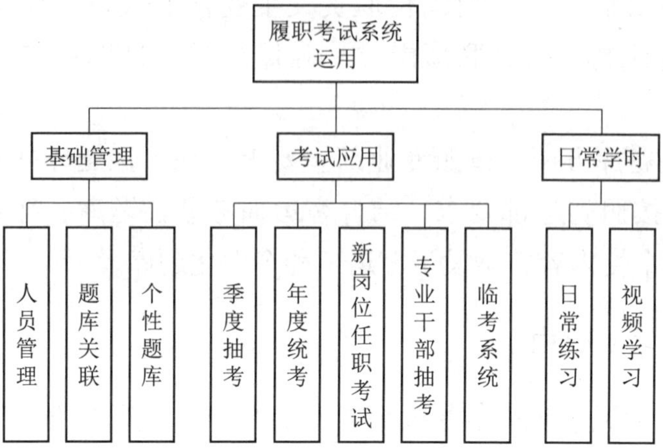

北京车务段履职考试系统运用现状

二、存在问题及应用建议

通过系统运用以及组织学员访谈、人事部门专题座谈等调研形式，发现了履职考试系统在系统功能、学员应用、站段管理等方面存在的不足。

（一）系统功能方面

1. 无法指定具体部门。通过履职考试系统设置普通考试任务时，如要抽考具体某一部门，无法在部门层面进行选择。

2. 未考人员范围不匹配。如考试类型选择“单位抽考”，则能够选择指定岗位，但指定岗位后查询未考人员，结果仍显示单位整体范围内未考人员而非指定岗位未考人员，仍需二次筛选。

3. 自主考试无法查询未考人员。如考试类型选择“自主考试”，则没有“查询本单位未考人员”按钮，无法查询本单位未考人员。

（二）学员应用方面

1. 题库切换不够灵活。集团公司各部室培训对于中间站干部提出了不同要求，然而履职考试系统的题库练习无法根据需求进行选择。如担任普速客运车站中间站党支部书记这一岗位的人员，需要参加人事部（党委组织部）组织的专职党支部书记培训班、运输部组织的中间站站长培训班及客运部组织的客运管理干部培训班，分别需要考“普速中间站站长”“党支部书记”“客运岗位”三个题库，参加不同培训班之前，该人员账号需要关联到相应岗位才能练习对应题库，在参加培训后又要改回原关联岗位题库，造成诸多不便。

2. 个性题库无法练习。按照专业部室要求，考试中的个性题库题量不得少于共性题库题量的1/5，而目前履职考试系统在线练习只能练习专业题库，无法练习个性题库，每次考试也需要手动添加、单独设置。

（三）站段管理方面

当遇到需要练习、考试个性题库的情况时，会选择使用临考系统设置练习与考试。通过履职考试系统运用，发现在临考系统选择“考试模式”时，每名考生只能考试一次，无法多次练习；而在选择“练习模式”时，考生状态显示为“未完成”，无法显示练习次数及练习分数，站段管理员无法跟踪掌握学员对于题库的练习情况。

三、应用建议

（一）系统功能更丰富

1. 增加指定部门考试功能。单位抽考、自主考试等任务性质下增设本单位内部部门选择。

2. 精细化筛选未考人员。在限定岗位、限定部门等条件下，筛选出符合该条件的未考人员结果会在该条件下显示。

3. 增加自主考试查询未考人员功能。如同单位抽考一样，选择自主考试后可以查询到该类目下的未考人员。

（二）题库切换更自由

进一步丰富在线练习选项中的题库选择及组卷方式选择，可以解决题库切换不自由、个性题库无法练习的问题。

1. 丰富题库选择。如上述在普速客运车站中间站党支部书记岗位任职人员，可以在练习时选择“普速中间站站长”“党支部书记”“客运岗位”等不同题库，以满足不同的培训需求，其练习学时可仅计算本工种单一题库。管理员应按照权限对有需求的人员提供题库选择权限，对于仅需要练习单一题库的人员，应禁止其选择不同题库。

2. 丰富练习选择。如设置“专业+个性”“专业”两种题库选择，由管理员勾选相应人员选择以上两种类型之一进行练习，并开放管理员选择对应个性题库的权限，如此可按照专业部室要求，在共性题库的基础上练习本单位个性题库。

（三）临考管理更精细

临考系统中的“练习模式”增加分数显示，在站段管理员设置临考任务“练习模式”后，可点击考试成绩以查询每名学员每次练习的分数，方便站段管理员掌握学员临考练习情况，从而促进其业务学习主动性。

四、四点启示

在对于履职考试系统进行应用与管理研究后，结合车务段实际，得到了四点启示，为下一步工作提供了思路。

（一）“点”上聚力

履职考试系统能够直观看出干部业务素质变化，北京车务段在现行学时不达标及考试不及格纳入经营业绩考核、统考不及格年度考核不得评为“优秀”、同一年度内两次考试不合格者进行岗位调整等结果运用的基础上，对于业务素质较为一般的干部开展定向式的培训与考试，在“点”上聚力、逐个击破，促进全段干部队伍整体素质不断提升。

（二）“线”上贯通

人事部门在组织培训考试时，一般会通过办公网等形式进行布置，有时会出现车间、科室收文不及时导致考试相对滞后的问题，在这条“线”的贯通上缺少车间、科室一级的联络员。因此，可以参考兄弟站段做法，在各车间、科室指定 1 名干部负责履职考试系统日常工作，在“线”上做到贯通，确保履职考试系统各项工作落到实处。

（三）“面”上拓展

充分发挥履职考试系统作用，在“自主考试”上积极探索将劳动安全、防洪、防寒等各类专项考试纳入系统一并开展，能够有效节约人力物力与时间成本，切实发挥履职考试系统的便捷性。

（四）一“体”推进

抓好履职考试系统与现行各类培训的融合，履职考试系统能为各类培训提供题库练习渠道，也能为管理及专业技术人员选聘等各项工作提供理论考试平台，而各类培训的不同要求也丰富了履职考试系统的题库选择。各类培训与履职考试系统相辅相成，促进干部业务素质不断提升。

运用好干部岗位履职必备知识培训考试系统对干部培训至关重要，北京车务段将紧密结合车务段干部培训实际，抓好履职考试系统运用，努力挖掘新问题、发现新情况、适应新形势，不断提高培训考试质量，不断提升干部队伍素质，为推动首善之局高质量发展、率先实现铁路现代化取得新成效提供支撑。

关于铁路纪检干部培训形式的探索与创新

北京局集团公司纪委　陈　钊　夏狄远

习近平总书记在为第六批全国干部学习培训教材所作的序中指出，“道不可坐论，理不能空谈。学习党的创新理论的目的全在于运用。各级干部要发扬理论联系实际的马克思主义学风”“各级干部要学好用好教材，当好中国式现代化建设的坚定行动派、实干家”。北京局集团公司纪委在干部培训中，始终将学习贯彻习近平新时代中国特色社会主义思想作为核心内容，并辅以党章、党规党纪的深入学习，注重实施专业化且切实有效的培训方法，全面提升纪检干部履职能力和攻坚克难的本领。

2024 年以来，北京局集团公司纪委纪检二室组成理论课题组，通过调研走访、查阅资料、跟班旁听等方式，重点围绕“铁路纪检干部培训形式”开展专题研究，就高质量推动集团公司纪检干部培训工作进行了一些探索思考。

一、铁路纪检干部培训存在问题

在调研座谈和工作交流中，大家普遍认为，近年来铁路干部培训紧紧围绕贯彻推动中国式现代化强国战略、推动铁路高质量发展任务使命，坚持政治统领、守正创新和从严管理，干部职工的政治能力、领导能力、工作能力都得到了有效提升。但随着时代发展和形势变化，发现传统培训方式还存在着围绕中心工作不紧密、组织过程不够严密等一些问题，具体表现为以下四方面。

（一）培训安排相对滞后

有的系统干部培训工作不积极、不主动，年初无计划、年末临时凑；有的单位等工作出了问题，才忙着搞“回头看”，通过培训“补漏洞”，坚持系统谋划、一体推进的思想认知和工作主动性不足。

（二）培训组织存在短板

有的单位培训活动定位不高、只满足于阶段性培训目标，在全面谋篇布局、服务总体工作方面着墨不多；有的部门将年度工作部署和干部能力提升培训分开安排，没有从有利于工作贯通协同的角度优化统筹，造成人员、资金、资源较大浪费。

（三）培训对象聚焦不足

调研中发现，有的培训常年镜头不变、人员不换，培训任务和受培对象相对固化，有的干部自嘲是单位的培训“专业户”，感慨“培训年年有、主题岁岁同”；还有的对培训对象条件限定过死，造成想学的条件不够，而被选中的积极性又不高。

（四）培训教程质量还显薄弱

在实践中体会，有的培训班安排相对单一，延续开班动员、业务教学、结业总结“老三样”，难有实质性、叫得响的学习内容；有的培训班课程安排不饱满，成为一些青年干部“养神”“串门”的闲暇机会；有的培训教材不跟进更新，哪个班、哪一年都能用，也是造成参培干部学员打不起精神、留不下印记的主要原因。

二、铁路纪检干部培训有效对策

育才造士，为国之本；教育当先，培训为要。应充分发挥干部教育培训固本培元、补钙壮骨的重要作用，不断拓展丰富培训方式，优化夯实培训质量，教育引导干部强党性、增智慧、长才干、正作风，更好跟上党中央决策部署、紧跟新时代步伐，适应铁路现代化事业的快速发展需求。

（一）强化政治培训

要坚持政治培训，把对党绝对忠诚、政治上绝对可靠作为培训工作的第一位要求，通过培训打造对党绝对忠诚的政治品格。培训计划和安排的核心任务是深入学习贯彻习近平新时代中国特色社会主义思想。应拓宽视野，自我审视，深入探究存在的问题，进而提升铁路纪检干部的政治判断力、政治领悟力、政治执行力，确保其在日常工作中能够准确把握政治方向，有效履行职责。将学习宣传贯彻党的二十大精神作为培训工作的首要政治任务和中心内容，抓好领导干部这个“关键少数”，分层分级开展面向全系统的专题培训。深入实施习近平新时代中国特色社会主义思想作为学习教育首课、主课、必修课的地位，坚持聚焦主题、精耕细作，不分心、不懈怠，做到工作设计时重点安排、课程开发时重点保障、资源处置时重点倾斜。健全落实领导人员到党校学习党的创新理论长效机制，坚持办好领导人员研讨班、中青年干部培训班、青年干部政治能力提高班，其他班次也要安排专门课程，做到持续用力、久久为功。

（二）深化能力培训

要坚持聚焦铁路高质量发展和国铁企业党的建设实践，引导干部自觉从习近平新时代中国特色社会主义思想中汲取智慧和力量，将其融入并转化为领导理念、思维框架和实践策略，使之贯穿于工作的各个环节之中。

一是要聚焦权力规范运行实施专题培训，提升干部队伍依规依纪依法履职本领，落实领导干部应知应会党内法规和国家法律清单制度，组织全系统干部开展党内法规和国家法律应知应会知识测试。二是围绕监督检查、审查调查、案管审理、信访举报、巡视巡察等业务，举办覆盖全系统各层级干部的专题培训班。三是举办纪检系统年轻领导干部党性和纪律教育培训班、青年干部理论学习研讨班等班次，引导他们系好升职入岗后的“第一粒扣子”。结合纪检干部队伍教育整顿、党纪学习教育，围绕“新的纪律处分条例发布后，需要我们掌握的关键是什么？”“党员违纪处分决定书制发的几个关键点是什么？”等热点难点，扎实开展“每日问答”“每周一学”“案例模拟”等小微精准培训，通过优化培训方式，开展互动式教学、研讨式交流、案例式授课，动态更新课程库、师资库，扎实提高培训的针对性、实效性，有力推动广大纪检干部练就硬脊梁、铁肩膀、真本事。

（三）细化分类培训

铁路现代化建设对干部的素质能力、精神状态、作风形象提出了新的更高要求。培养造就堪当重任的干部人才队伍是干部教育培训的基本功能。要谋定铁路现代化建设战略部署，以实施干部履职能力提升计划为抓手，深入研究新时代新征程对干部履职能力的新要求，坚持需求导向、目标导向、结果导向相结合，做到干什么学什么、缺什么补什么，抓好干部履职能力培训。以分级分类抓好纪检干部培训工作为例，一是抓好纪检机构负责人培训，着力提高政治能力；二是抓好专职纪检干部培训，着力提高工作本领；三是抓好新任职纪检干部培训，帮助尽快进入角色；四是抓好纪委委员和纪检委员培训，增强责任意识和监督能力。

贯彻落实新时代党的干部培训工作总要求，推动建设高质量专业化干部队伍，是铁路企业的光荣使命和重大责任。自觉主动在纪检干部队伍建设“育选管用”全链条中找准角色定位，充分发挥先导性、基础性、战略性工作作用，着力提升培训供给质量，做到担负的重要工作规范化规划建设推进到哪里、干部培训就跟进服务到哪里；建设高素质专业化干部队伍需要培训什么、干部培训就努力提供什么。通过加强对纪检系统干部的政治能力和专业能力培训，把对党忠诚、为国奉献、为民造福的境界提上去，把敢于斗争、善于斗争，推进中心工作高质量发展的本领提上去。

教学组织

努力做好教学设计　赋能干部教育培训

北京局集团公司党校　朱亮亮　赵子腾

干部教育培训是建设高素质干部队伍的先导性、基础性、战略性工程，在推进中国特色社会主义伟大事业和党的建设新的伟大工程中具有不可替代的重要地位和作用。做好教学设计工作是贯彻好《干部教育培训工作条例》《全国干部教育培训规划（2023—2027 年）》（以下简称《条例》《规划》），做好集团公司干部教育培训工作的重要内容。

一、建好课程体系和师资库是做好教学设计的重要基础

（一）建设师资库

没有一个完备的师资库进行支撑，教学设计就成了无根之木、无源之水。集团公司党校依据区位优势，着重建好中央党校、中央团校、北京市委党校、铁道党校、集团公司、校内教师等六个师资库。同时，由于师资情况不是一成不变的，要定期对其进行梳理和更新，包括统计授课老师最新的专题和授课老师的职级、职称等个人基本信息。同时，还要广泛寻找师资，将业内评价高的专家教授纳入到师资库中，不断提升师资库的质量。

（二）建设课程体系

根据《条例》要求，干部教育培训以党的理论教育、党性教育和

履职能力培训为重点，注重知识培训，全面提高干部素质和能力。为此，党校要对应建好党的理论教育课程体系，重点建好习近平新时代中国特色社会主义思想课程体系，并按照理想信念、党的宗旨、革命传统、党风廉政等类别建好党性教育课程体系，还要建好履职能力和知识培训的课程体系。

二、做好需求调查是做好教学设计的必要保证

学员作为培训班的主体，其学习效果是教学效果最重要、最直接的体现，而决定学习效果的其中一个重要因素就是学员对教学内容的需求程度。但由于学员来自不同的站段，所在地域亦不相同，所以常采用学员代表座谈和问卷调查的方式，提前了解学员的真实需求，并及时对教学计划进行相应的调整，从而保障好教学效果。

另外，在收集调查结果进行分析时，要注意分析结果的共性和个性问题。参培学员往往会有多样的需求，要把握好被调查人员普遍的合理需求，并在教学设计时予以重视。

三、坚持“两个贯穿始终”是做好教学设计的关键思路

（一）坚持党性教育贯穿始终

以组织学员进行党性分析为主线，从教育、学习、管理、考核四个方面坚持党性教育贯穿始终。一是从入学教育开始明确党性锻炼任务；二是安排系列党性教育课程，通过理论学习为党性修养固本强基，并且安排关于强化政治能力的主题研讨和切合主题的现场教学，在交流研讨、参观学习中提升党性修养；三是在日常严格的纪律管理中锤炼党性，加强学员的纪律规矩意识；四是通过专题党性分析以及积分制管理考核，体现党性锻炼效果。

（二）坚持调查研究贯穿始终

让学员掌握好调查研究的方法，着力用党的创新理论解难题、促发展。在安排专题课程，学习调查研究方法的基础上，坚持问题导向，聚焦影响和制约京铁“六个现代化体系”建设的难点、堵点、淤点，分组确定调查研究方向；带着问题组织现场调研，通过调查研究发现问题所在，找准解决问题突破口，在理论班主任的全程辅导下，对信息进行收集与分析，把零散的知识系统化，把粗浅的认识深刻化，最终形成成果进行发布，并对优秀成果进行表彰。通过定题分组、课题开题、现场调研、结构化研讨等一系列活动，将调查研究贯穿始终，促使学员沉下心、俯下身，做好调查研究工作，为北京局高质量发展建言献策。

四、做到“四个满足”是做好教学设计的核心要求

（一）满足成人教育规律要求

党校不同于一般的学校，党校的培训对象来自不同的单位、不同的岗位，同时年龄上也存在差距。针对培训班的学员构成，党校则需要采取不同的教学方法，同时将其体现在教学设计中。例如，对于领导人员，其本身的政治素养、理论水平、工作经验等都处在一个较高的水平，所以采用研修为主、管理为辅的方式方法较为合适，体现在教学设计中，就是要加重研讨、自学、撰写材料等内容的比例。相对地，对于年轻干部，包括中青年干部、团委书记、大学生等培训主体，则需要采取管理为主、进修为辅的教学思路，体现在教学设计中，就是要加重专题课的比例，同时增加教学内容的紧凑性，使学员在固定的时间内尽可能学到更多的理论知识。

（二）满足课程比例指标要求

《规划》不仅对课程属性比例进行了要求，还对授课形式比例进行

了规定，要求党的理论教育和党性教育课程的比重不低于总课时的70%，党性教育课程的比重不低于总课时的20%。案例式教学的课程比重不低于总课时的15%，研讨式、访谈式等互动式教学的课程比重不低于总课时的20%，领导干部讲课课时不低于总课时的20%。课程比例要求为做教学设计搭好了整体框架，党校必须在这个框架内进行相应的课程安排，同时突出深入学习贯彻习近平新时代中国特色社会主义思想这个主题主线。

（三）满足组织要求

教学设计是为满足培训需要而设计的，也是为落实组织要求而进行设计的，要时刻学习组织的新要求、新政策，并将之体现在教学设计中来。比如主题教育就是需要关注的重点，它是当前和今后一个时期最重要的政治任务，根据主题教育的要求，对于培训内容也应有相应的要求。比如2024年在全党开展党纪学习教育，那么在教学设计时应将《中国共产党纪律处分条例》作为必学课程安排进教学计划中。

（四）满足班次要求

根据班次的不同，教学设计的特点也有所不同，在教学设计时，要善于把握班次的关键词，突出班级特点。比如今年集团公司党校举办的副处级领导人员提升政治能力研修班。在做好教学设计时，就要考虑“副处级领导人员”“政治能力”“研修”三个关键词。首先是“副处级领导人员”，这代表了培训学员在党的创新理论方面具有一定的积累，并在专业知识方面有一定的水平，所以对授课内容和授课老师的要求更高。其次是“政治能力”，在把握主题主线的基础上突出强化政治训练，不断提高政治判断力、政治领悟力、政治执行力。最后是“研修”，这就要求在学上更深一步。综合以上要求，在副处级领导人员提升政治能力研修班中，重点对习近平总书记关于党的建设的重要思想、习近平经济思想、习近平法治思想、习近平文化思想等内容进行深入学习和研读。每种思想安排一天半的时间进行学习研读，第一天上午邀请学者教授对这一思想进行讲解阐释，下午由党校教师带领学员对原著进行研读学习，晚上组织学员围绕这一思想撰写体会，第二天上午安排集团公司专家围绕这一思想在集团公司的实践及形势进行解读。这种“教授阐释、教师领读、体会深读、专家解读”的方式，让学员对党的创新理论成果能够学深悟透、入脑入心。

五、用好课程评估结果是做好教学设计的有力支撑

按照干部培训文件要求，三天及以上的班次，要进行过程和授课质量评估，每一期培训班所积累的学员对课程评价反馈的数据，对于进一步提升教学水平而言，都是重要的参考依据。通过对这类数据的分析，了解课程优势和不足，进而对后续课程的设计进行持续改进和优化。这里需要注意的是，一门课程往往在不同班次的评价是不同的，切不可因一次的低评价而否定一门课程。

如果把培训比喻为一场演出，那么想要导演好这场演出，就应该有一个好的剧本，对于剧本的操作、角色的配置都需要有预见性。而这些所有的“预见性”，就反映在教学设计里。可以说，好的教学设计是培训成功的一半。在培训工作中，要抓住教学设计的关键点，助力集团公司干部教育培训工作高质量开展。

关于行动学习在党校重点培训班次应用的探索与实践
——以组织调查研究为例

北京局集团公司党校　孙海霞

行动学习，即通过行动去学习，指在培训中以组织面临的重要问题为载体，由学习者通过对实际工作中的具体任务、项目、难点等进行研究处理，达到解决问题、开发人力资源和发展组织的目的。行动学习是中央《干部教育培训工作条例》和《全国干部教育培训规划（2023—2027年）》提倡的一种研究式学习方法，也是促进单一培训向“培训—行为—绩效”转变的有效方式。近年来，北京局集团公司党校以组织学员开展调查研究为重点，运用行动学习的理念，对组织调查研究的思路和方法进行不断完善，取得了较好成效。

一、基于调查研究的行动学习基本构思

在培训组织中，将调查研究作为一项具体的行动任务，以此为载体，指导学员采取“学”“练”结合的方法，深刻理解调查研究的重大意义、深入学习调查研究的理论根据，并选取某一具体课题实施调查研究，通过实践掌握调查研究的基本方法，同步解决工作中面临的具体问题，促进学习者在解决问题的同时，实现工作能力提升、认知升级和思维模式的转变。

（一）聚焦调研课题，确定行动学习主题

聚焦影响和制约集团公司构建铁路“六个现代化体系”的重点、难点，聚焦学员在培训时所带来的干部职工关心的热点、焦点，学员根据自身专业特长选择某一课题，作为行动学习的主题开展调查研究，在探寻解决问题的方案中进行学习。

（二）完善组织结构，组建行动学习团队

一个完整的行动学习项目团队应该由项目管理员、项目催化师、项目组长、项目成员、项目内外部专家组织组成。在组织实施调查研究过程中，由学员担任项目组长和项目成员，由理论班主任担任项目催化师，由教学班主任担任项目管理员，由学校专业老师和集团公司专业人士组成内外部专家组织，各负其责，共同形成行动学习团队。

（三）拓展学习方法，制订行动学习能力培养计划

参照个人能力提升的“721 法则”研究结果，即“个人能力提升10%来自于课程学习；20%来自于与他人交流；70%来自于亲身实践”，将学员能力的培养途径增进为四个方面：一是从课堂上学习支撑任务完成的理论知识；二是从已有知识中通过现实体验来消化吸收相关内容；三是从小组其他成员的经验中借鉴学习相关方法和技能；四是在解决实际问题的过程中锻炼。

（四）组织专业评估，完善行动团队绩效评估方案

邀请集团公司主管部门和相关专业部室专家以及党校教师等，组建调查研究报告评审委员会，对调查研究报告完成质量进行评估，集体评估行动团队绩效。

行动学习强调，在教学过程中充分发挥学员主体作用和教师主导作用，从完成某一方面“研究课题”着手，通过引导学员完成“具体

任务”来达到教学目的。在设计行动学习方案时，采取个人能力与团队绩效双提升的理念制定组织流程，具体如图1所示。

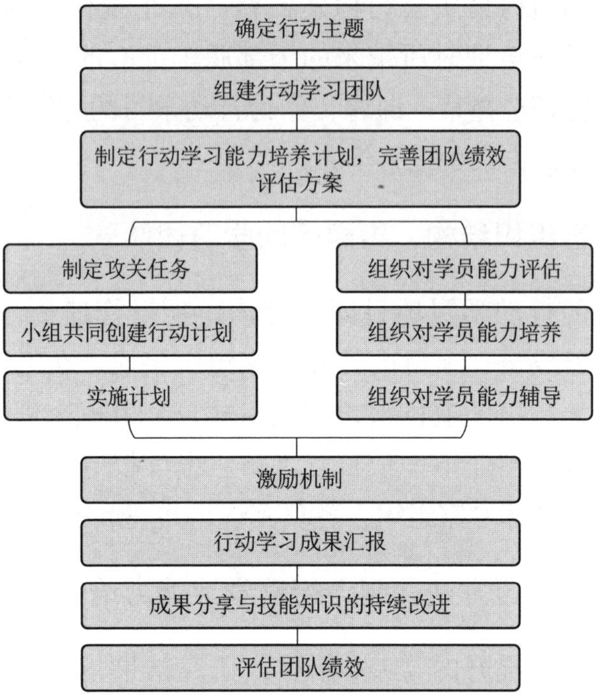

图1　行动学习组织流程

二、基于调查研究的行动学习应用实践

集团公司党校先后在中青班干部培训班、“78后”领导人员进修班、“青马”工程骨干培训班，以及副处级领导人员提升政治能力研修班、年轻干部强化理想信念进修班等重点班次中，应用行动学习的教学方法组织学员开展调查研究，从实践中总结了应用“五连环”的模型，构建与实施基于调查研究的行动教学，其内容主要是“三个目标、三个层面、三个步骤、三类工具、三个阶段”，即：明确愿景目标、表现目标、行动目标三个目标选取行动方向；立足个体独立思考、团队研讨分析、集体智慧分享三个层面设计行动方案；把握充分

发散、有效整合、精确聚焦三个步骤开展行动学习；利用研讨工具、过程工具、反思工具三个工具指导行动学习；衔接启动前准备、启动中引导、启动后辅导三个阶段确保行动质量。总体而言，党校共从以上五个方面、15 个项目连环展开行动学习。

（一）促进教学目标、学员个人能力提升目标、企业发展目标的三统一

行动目标上，党校要求必须完成一份指定课题调查研究报告，这是最基本的教学任务。同时，党校坚持为党育才与为党献策相结合，以高质量的育才支撑高水平的献策。学员个人能力提升上，其表现目标是要求学员掌握调查研究的基本工作方法，提高学员调查研究能力。而从企业愿景目标来说，重点是解决学员调研课题中的各类问题，以实现企业的良性发展。当这三个目标同向、同频共振，即可实现行动学习的效益最大化。

（二）促进个体独立思考、团队研讨分析、集体智慧分享的互补与融合

在鼓励学员个体独立思考的同时组建行动学习小组，开展小组学习与小组研究。鉴于行动学习小组每一位成员的知识、经验和思维方式各不相同，在调查研究中，个人的思考具有独特性和差异性，也难免存在片面性和主观性，需要通过集体智慧的交流和结合，更好地解决问题，实现创新和进步。为此，在培训实践中，党校通常组织小组研讨和结构化研讨来实现个人智慧和集体智慧的互补与融合。

（三）实现充分发散、有效整合、精确聚焦的有机结合

发散性思维是一种从不同的方向和角度去设想，探求多种答案，最终使问题获得圆满解决的思维方法。在行动学习过程中，针对研究的课题，可以采取问卷调查、专题座谈、个别访谈、实地调查、现场

体验、网络调研、大数据分析、案例解剖、文献查询、信息比对等多种方式广泛开展调研。同时，在充分发散的基础上有效整合资料，把大量和零碎的材料经过去粗取精、去伪存真、由此及彼、由表及里的思考、分析、综合，加以系统化、条理化，透过纷繁复杂的现象抓住事物的本质，精确聚焦需要解决问题的有效措施上总结内在规律。

（四）充分运用教学工具、做好教学引导

在培训实施中，安排具有一定理论功底的教师作为理论班主任，承担行动学习的项目催化师任务，全程指导调研活动开展。组织开展小组研讨、班级研讨和结构化研讨，通过“放大镜”“望远镜”“墨镜”“万花筒”这“四副眼镜分析法”对课题进行结构化分析。此外，党校教学研究、理论研究、教务组织等部门汇聚力量，安排下组教师，一对一帮助各行动小组做好过程管理，并统一开题、统一指导调研方案、统一调研管理、统一课题审核等，利用各种科学的教学工具指导行动学习。

（五）把握关键环节，丰富三个阶段的教学内容

做好启动前准备，做好选题指导、做好调查研究相关课程辅导、做好调查研究任务计划的安排。加强启动中引导，调研过程采取“理论—实践—总结—理论—实践—总结”双循环模式，在调查的基础上，及时安排学员进行研究；在研究的基础上，随时补充调查，边调研、边总结、边补充。同时，提供启动后辅导，定期了解各行动小组实际运行情况，对各小组提出遇到的难题以及需要，及时邀请项目专家组给予支持。

在培训实践中，针对不同班次教学要求，组织进行多次研讨，完善了符合学员特点、适应教学任务，基于调查研究的行动学习组织方案，总结形成了“五连环”模型的具体实践内容，如图 2 所示。

1	三个目标	愿景目标：实现企业良性发展
		表现目标：掌握调查研究工作方法，提高“学思用”贯通能力
		行动目标：经过一个行动学习的完整流程，完成一次调查研究
2	三个层面	个体独立思考：在调研小组组建时，明确分工，群策群力
		团队研讨分析：在现场调研的基础上，组织学员进行结构化研讨
		集体智慧分享：组织班级研讨和汇报展示，小组与小组之间相互交流学习
3	三个步骤	充分发散：组织文献查阅、现场座谈、问卷调查
		有效整合：运用统计方法和图表展示结果，对收集到的数据进行整理和分析
		精确聚焦：对调查得来的大量材料由此及彼、由表及里分析论证，科学把握本质和规律，找到破解难题的办法和路径，提出改进建议和创新措施
4	三个工具	研讨方法：小组研讨、班级研讨、结构化研讨；在组织过程中引入各种教学工具
		过程工具：建立统一开题、统一指导调研方案、统一调研管理、统一结题“四统一行动”模式
		反思工具：建立“两上两下”审核机制
5	三个阶段	启动前准备：充实课题资源，做好选题指导
		启动中引导：安排专职理论班主任全过程参与指导
		启动后辅导：突出成果导向，统一提供成果转化推广平台

图2　基于调查研究的行动学习“五连环”模型

三、行动学习的效果

通过对行动学习的探索与实践，开拓了培训思路、丰富了教学方式、推进了教学改革，取得了良好效果。

（一）从行动目的来看，行动学习促进学员全面掌握了调查研究的方法

学员在行动学习中，根据选题制订调研计划、拟定调研提纲、收集相关资料、组织现场调查、整理调查数据、分析调查结果、撰写调

查报告，在一个个具体任务的完成中，全面掌握了调查研究的方法。

（二）从表现目标来看，行动学习切实提高了学员“学思用”贯通能力

学员在调查研究过程中坚持用辩证唯物主义的世界观和方法论来分析问题；综合运用专业知识来科学寻求解决问题的具体途径。这促进了学员正确认识客观世界、改造主观世界、转变工作作风、密切联系群众、强化责任担当，提升了“学思用”贯通能力。

（三）从愿景目标来看，行动学习既有助于育兴路良才，又有助于献兴路良策

在近年组织的培训实践中，学员先后完成调研报告56篇，党校择优刊登在《熔炉资讯》建言资政刊物上，并呈送集团公司领导及相关部室。其中，《固本强基　筑牢工务车间“桥头堡”——关于工务系统车间主体作用发挥不到位问题的调研》等多篇调研报告得到集团公司主要领导的肯定性批示。集团公司主要领导对党校以行动学习开展调查研究的做法给予了表扬。通过推行基于调查研究的行动学习、育才与献策相结合，强化了育才着力点、拓宽了献策切入点，以高质量的育才促进了高水平的献策，不断开创了党校工作新局面。

四、行动学习的启示与展望

在党校重点班次开展基于调查研究的行动学习，为行动学习在培训中的落地提供了实践经验。在今后培训中，将研究进一步扩大行动学习内容和范围，如就“如何写好理论文章”“如何讲好党课”等一些具体任务，采用行动学习模式来设计制订教学计划，通过挑战性目标和小组参与来促进学习，让个人局部思维转化成团队系统思维，有力促进个人能力与团队绩效的更大提升。

“立体式”教学法在新职大学毕业生资格性培训中的探索与实践

石家庄工务段　王　健

铁路新职大学毕业生经过岗前资格性培训后，将会成长为单位的生力军，进入后备干部的人才库。他们在进入职场前，如果接受系统的资格性培训，可以更快适应职场需求，“师带徒”跟班学习阶段的作业安全和培训效果也能得到更加有效的保证。学员需要在资格性培训中切实提升安全意识、真正掌握基本技术业务，才能顺利成长为一名合格的铁路职工。经过多年对创新培训方式方法的实践和探索，石家庄工务段最终确立了“立体式”教学法，采用多维度多层次教学，提高了新职大学毕业生岗前资格性培训的实用性和针对性。

一、新职大学毕业生的特点

（一）新职大学毕业生所具备的优点

1. 有更好的学习能力。新职大学毕业生对新设备的接受速度较快，特别是对于复杂的电子设备，在明白原理后通常能够较快上手操作。目前铁路行业的作业工具越来越向着机械化、自动化、信息化方向发展，现场使用各类新式电子工机具的情况越来越多，而年轻人从小经常使用各类电子设备，在面对作业现场的电子设备时，他们的学习速度往往更快。

2. 有更活跃的创新思维。新职大学毕业生往往较为了解各类先进的新技术，在培训期间以及进入职场后均能展现出较强的创新能力，能够将自己在其他方面掌握的先进技术和方法应用到日常工作中，有效提升工作效率。

3. 有更充沛的精力。对于自己想干的事情，新职大学毕业生往往愿意投入极高的热情并为此付出很多时间。他们的体能也有较大的开发潜力，很多年轻人喜欢各类运动和健身活动，拥有较好的体能基础，只需经过系统的学习，就能较快适应高强度工作节奏。

（二）新职大学毕业生的不足之处

1. 缺乏业务知识。在培训班开班后组织的问卷调查和摸底考试中，新职大学毕业生业务知识薄弱问题表现十分明显。非对口专业毕业生摸底考试达标率几乎为 0，对口专业毕业生达标率也不足 20%。这主要是因为他们在大学期间，虽然掌握了一些基础理论知识，但是对铁路现行规章制度掌握不足，对铁路相关专业术语不了解，对规章条款所要求的内容缺乏直观经验和感受，对作业的流程和基本原理不了解，因此也容易出现各类违章问题，甚至引发人身安全问题。

2. 缺乏安全意识。新职大学毕业生对工机具设备的特点不够了解，存在误操作的风险。他们对现场环境不熟悉，难以识别撞轧风险，因精力不集中而导致的下道不及时问题亦时有发生。他们对操作流程也不够熟悉，存在机械伤害、物体打击伤害的风险。他们对正确穿戴劳动保护用品的意识亦有不足，可能造成身体损伤。

3. 缺乏实践经验。新职大学毕业生实际操作能力和应对复杂问题的能力不足，例如培训班组织实作培训时，有 70% 以上的学员会出现将弹条反向安装、对接头螺栓卡阻束手无策、整理线路外观时铲不动石砟等问题。这往往是因为他们缺乏类似的实践经验，导致难以适应现场作业。

4. 缺乏职业素养。铁路工作要求职工具有严格的时间观念，部分新职大学毕业生没有良好的时间观念，导致出现因延误工作而被批评或者考核的情况。

二、培训中如何发挥优势弥补不足的探索

笔者通过学习心理学中认知方面相关知识，不断探索和改进培训过程，并通过深度参与相关课程设计和教学实践，针对新职大学毕业生的优势和缺点，认为主要应该采取以下措施改进培训。

（一）强化基本内容学习

1. 加强基本规章制度学习。要充分发挥新职大学毕业生学习能力强的优势，在课余时间增加基本规章学习背诵的任务，强化他们对规章制度的记忆和理解。

2. 加强专业技术原理学习。根据记忆规律，想尽快掌握新知识，最好能够让新知识与已有的知识发生连结。在专业技术知识课程设计方面，要求专业课老师加强基本概念解读和基本原理分析或演示内容，让课程内容能够与新职大学毕业生在学校掌握的基本理论知识或者其他生活常识产生连结，从而更好地弥补学员在业务知识方面的不足。

（二）强化案例规章解读

1. 引入案例教学。比起记忆和理解抽象的理论条文，学员更愿意听故事、听案例。所以，教师应该在培训课程中尽量增加一些案例内容，特别是视频情景模拟或三维动画演示类的案例，以更好地吸引学员的注意力，提升培训效果。

2. 加强规章解读。听完案例故事后，新职大学毕业生往往会疑惑案例中违章人员到底违反了哪些规章才导致事故发生。教师则应充分利用学员的好奇心和未知欲，趁机列出原因分析和相关的规章条款，并结合事故案例进行解读。学员在故事情境中学习规章，其记忆效果远超只听规章制度条款的概念诵读，从而有效提升学员的安全意识。

（三）强化实作技能培训

1. 开设实作培训课程。过去大部分岗前资格性培训只讲解安全和

理论课程，实作培训内容则主要安排在“师带徒”培训阶段。根据认知负荷理论，如果学习任务过于复杂，超出学习者的认知负荷能力，学习效果就会大打折扣。新职大学毕业生由于缺乏实践经验，面对现场复杂的环境和各类未知的风险，直接参加“师带徒”仍然存在较大风险。所以应开设实作培训课程，提前在安全环境下逐步分解作业流程，让学员适应认知负荷规律，从而顺利掌握必要的实作技能。

2. 强化技能学习演练。观看教练的演示后，新职大学毕业生还应亲自上手演练，才能真正掌握相关技能，避免出现“一看就会，一干就废”的情况。演练时应安排人员进行全过程盯控，教练还应在训练过程中及时给予相应的指导，帮助学员掌握正确的操作方法，确保演练安全和质量。

（四）强化企业文化教育

1. 强化思想政治教育。适当安排思想政治教育、企业文化和职业道德教育等方面的课程，从而提升新职大学毕业生的职业素养。

2. 组织丰富的文体活动。组织各类文体活动和参观活动，让新职大学毕业生认识企业文化、企业发展历史，树立正确的价值观和行为准则，从而更快融入职场。

三、“立体式”教学法优化岗前培训

石家庄工务段经过近几年来的探索与实践，结合新职大学毕业生的特点，开发出了岗前资格性培训“立体式”教学法。该教学方法的核心理念主要包括：学规章、讲原理，看案例、听解读，练实作、学技能，学文化、强思想。其主要措施和效果如下。

（一）学规章、讲原理

1. 合理制订理论教学计划。学员参加岗前培训课程的先后顺序会对培训效果有一些影响，例如，优先安排单位主要负责人讲“安全首课”，便可以给学员留下注重安全学习的第一印象；优先安排基本概念解读类课程，可以为其他课程打下理论基础。

2. 讲明原理学理论。选拔优秀师资讲授理论知识，让学员明确铁路相关专业的基本原理知识。课程设计上要图文并茂，以动画效果或者真人演绎的视频讲解效果更好。

3. 严格考核激励。为了促进培训计划落实、确保培训效果，需要在开班前就向每个学员讲清楚相关的考核激励政策，采取一系列措施确保学员掌握相关安全知识。例如，石家庄工务段会挑选出常用的基本安全规章100条，编辑成册，作为学习资料，要求学员利用晚自习的时间学习掌握，此后还通过举办背规比赛等形式，通过人人过关的形式要求学员掌握基本规章，形成了“比学赶帮超”的良好学习氛围。

（二）看案例、听解读

1. 结合案例讲规章。规章条款都是过去发生事故的血泪教训，为了能让学员掌握相关规章制度条款的内涵，教师可以把一些典型案例拿到课堂上讨论，让学员在主动学习思考的过程中加深对相关规章制度的认识，并让学员充分认识到铁路企业安全责任制的内容，培育责任心。

2. 组织学员参观警示教育室。警示教育学员，随时树牢安全作业意识，避免造成不可挽回的损失。学员们普遍反馈，在安全教育警示室内经受了视觉冲击体验以后，他们便决心一定要认真学习规章，将来走上工作岗位后一定要严格遵守规章。

（三）练实作、学技能

1. 选聘优秀教练团队。在实作技能培训阶段，安排学员在实训场学习基本作业技能，安全高效地提升其实作技能水平。石家庄工务段选聘实践经验丰富的高级技师担任教练，从入路3～5年的大学毕业生中选拔业务能力好、责任心强的人员担任助教，配合教练完成作业项目演示、分组练习盯控指导、培训学员管理等工作。

2. “学、讲、练、评、考”闭环式培训。每个实作项目教学流程都分为学习指导书、现场讲解演示、分组练习、点评分析、逐人考评五个闭环的培训过程，没有掌握相关能力的学员必须加练，考核合格方可下课，如此确保每个学员都能掌握相关作业技能。

3. 高危作业早学练。在实训场针对高危作业开展培训，比起“师带徒”时学习具有更多优势。例如，翻轨作业具有较高的危险性，利用实训场，学员可以在教练的盯控指导下分组完成翻轨作业，体会其中的动作要领和安全注意事项，普遍反映收获很大。在实训场培训，教练还能更直观地演示错误行为造成的危害，让学员对错误行为有深刻的认识。例如，在吊轨车推运钢轨作业中，吊轨车使用不当有可能造成人身安全风险，教练就让学员全部站在安全区域后，演示了错误操作，随后几十斤重的吊轨车飞出十几米远，重重地砸在地上。这一场景给在场学员带来了终生难忘的体验，有效提升了他们的安全意识。

4. 将安全责任融入实作培训。在实训基地组织实作技能培训时，教练均能做到紧盯培训过程中学员的表现，对于出现的违章行为，及时并坚决地制止，并采取口头批评、点评分析、加班返工、考核惩戒等措施，让学员从工作一开始就养成良好的作业习惯。

（四）学文化、强思想

1. 加强思想文化教育。石家庄工务段党委书记亲自为学员讲授思想政治课，另外还安排师资讲授职业道德、法律法规、传统文化教育等课程，并组织丰富多彩的文体活动（如拓展训练、读书分享会、经验交流会、小型运动会、音乐会等）。这些教育活动有效提升了学员的思想水平、荣誉感和职业道德水平，同时也为紧张的培训增添了一些乐趣。

2. 组织参观学习。石家庄工务段组织学员参观段史馆，让学员了解单位的历史和文化，学习企业精神，接受优良传统的熏陶，增强职业归属感。通过参观具有代表性的生产车间，学员能了解生产流程和基层工作的特点，增强对工作内容的直观感受，为理论知识规章学习和实作技能训练打下良好基础。

四、“立体式”教学法取得效果

近几年来，石家庄工务段按照“立体式”教学法组织新职大学毕业生参加岗前培训，在实践中不断完善方案、改进流程、制订考核制度、创新培训手段，力争充分发挥学员的主要优势，努力补齐短板，强化了新职人员岗前培训的效果。实施“立体式”教学法初期，学员到相关车间报到后，职教科组织了问卷调查，有 83.2% 的师父和班组长认为，经过该方法培训的新职人员在现场比往年未经该方法培训的学员工作表现更加从容，对工作内容和基本工机具能够更快上手。有 71.4% 的师父认为，该批学员相比未采用该方法培训的学员，学习技能的热情更加高涨，学习技能的速度也更加迅速。

五、“立体式”教学法实施中的问题与思考

“立体式”教学法组织新职大学毕业生参加岗前培训，目前仍存在一些问题。一是技能培训难以涵盖所有主要作业项目，受到场地限制，有些作业项目难以在培训期间开展学习和演练。二是技能学习的熟练度距理想目标尚有差距，受到培训时间限制，为保证顺利完成“师带徒”跟班学习任务，剩余可供岗前培训的时间有限，只能安排少量演练，学员难以熟练掌握作业要领。三是学员没有经历真实的职场环境，对企业文化认识不足。

针对以上问题，今后需要采取的措施如下。一是新职大学毕业生定职后应继续组织“职后”培养，签订《培带协议》，由师父继续带领其学习常用作业技能。二是组织“青工”技能轮训，对已经有一年左右现场工作经验的大学毕业生进行“回炉”再造，弥补岗前培训中理论知识掌握不充足、安全意识不够强以及部分实作项目未熟练掌握的问题。三是继续加强企业文化教育，将企业文化教育融入培训内容，在各类“轮训”和日常学习中持续提升大学毕业生的职业素养。

强化案例教学在干部培训课堂的运用

北京南站　刘　彧

为持续提升干部培训的针对性和实效性，不断促进理论教育与能力培养的有机结合，加强学习成果和工作实践的融会贯通，切实提高干部对培训内容的掌握程度，北京南站在近几年的干部培训工作中发现，讲身边工作、生活中真实发生的案例，更能够引起参培干部的关注，切实提高了干部培训课程的吸引力。案例教学在干部培训工作中的重要性越来越高，本文旨在对案例教学在干部培训中的运用展开讨论，对其在干部培训中的意义、存在的问题及应用进行分析、讨论，并提出制定案例标准、开发案例教学、完善案例教学设计、开展小组交流等实施路径，带动干部培训实践效果的提升。

一、强化案例教学在干部培训课堂运用的意义

（一）促进理论与实践相结合

案例教学，顾名思义就是以实际发生过的案例为基础，教师根据具体的教学目标设置，将培训中的内容以具体情景的方式进行描述，从而引发参培学员对于此情景的探讨，进而深入了解教学内容，以提升学员自主思考及解决实际问题的能力。传统的理论培训教学，内容和形式相对简单，主要目的是增强参培干部对某个知识点的掌握，教师也更多处于教学过程中的主体地位；而对于案例教学来说，案例源

自于现场作业及经验积累，一个出色且成功的案例，不仅可以提高参培学员的学习兴趣，还可以提升课堂的效率和气氛，参培干部可以在分析案例的过程中主动思考、参与讨论，有助于促进启发式、互动式干部培训的开展，有效实现了传统教学模式的变革，从而真正将学习到的理论知识应用到实际中，提升参培干部发现问题、分析问题、解决问题的能力，确保相关理论知识得到更为全面的应用。

（二）调动干部的积极性与创造性

案例教学的案例大多来源于铁路生产作业中实际发生的各种问题、各类事故等，参培干部可以对问题和事故发生的原因、过程、问题教训等内容进行讨论，通过情景模拟等形式参与其中，最大限度调动了参培干部的积极性与参与性。案例教学的应用有效实现了由单向教学向双向教学、由知识传输向能力培养的转变，而授课教师也可以根据干部反馈实现其课程内容的调整与补充。

（三）提升培训的针对性与有效性

以往的干部培训更注重理论知识的提炼与总结，教师在授课时也多以单向传输的形式进行，这样会造成一定程度上理论知识与实践经验不适应的情况。理论知识过多还会导致干部学习起来枯燥，最终影响到培训效果，而案例教学则是将真实的一线作业场景进行重现，将理论知识与实践经验有机结合，使得参培干部身临其境，更加有效地探索解决问题的途径。特别是对于基层干部培训来说，为其树立明确的教学目标，结合真实案例，可以使其更为有效地将理论知识运用到实际工作中。

二、案例教学的现状及存在的问题

（一）对案例教学的重视不足

培训课程的设置决定着参培干部的学习热情，也决定着培训工作的实际效果。当前的车站干部培训，很多授课教师并未充分了解案例教学在干部培训过程中的优点和长处，培训设置的课程主要是结合实际工作中的需要，以理论讲述和技术传授为主，对案例教学的认识和理解不足，重视程度也不够，未充分认识到其在人才培养过程中的重要作用，缺乏对案例教学的基本理念和意识。

（二）对案例教学的运用不深

案例教学的实施是开展案例教学的关键步骤，直接决定案例教学的效果。当前在干部培训课堂上应用的案例教学仍没有脱离“举例教学”或“经验教学”的影响，有的授课教师甚至将案例教学混同于举例教学，通常是为了讲述某个理论，引入案例，通过案例分析，达到课程目的，很少有将案例深入浅出地进行分析，剖析案例的前因后果，对案例教学的运用不深，难以充分发挥案例教学的实际作用和影响。

（三）案例教学资源建设方面不足

案例教学没有形成完整的系统性工程，没有完备的制度化体系。车站目前采用的案例教学是近期发生一件，分析一件，较为零散。案例的资源相对薄弱，不成体系，从而在一定程度上限制整体培训效果的提升。

三、案例教学在干部培训中的应用

（一）制定案例标准

针对案例制定具体的评价标准，从而掌握案例教学的关键节点，提高案例质量，提升课程效果。案例教学的标准将影响案例质量的好坏，要规定好案例标准，主要应把握好以下四个方面。一是真实性。在为教学选取案例时，应确保案例内容真实可靠，确保其来源于真实实践，禁止对案例进行虚构和杜撰。二是创新性。干部培训案例教学应以创新为导向，确保干部通过案例分析可以了解到更多的创新做法、思路、方法、措施，并促进其创新意识的提升。三是代表性。在案例教学中选取的案例要具有一定的代表性，尽可能达到以一概全，表述出相关同类案例的集体共性，确保可以充分发挥出相应的借鉴价值。四是规范性。教学案例在设计的过程中，应确保其内容、结构、层次等的规范性，不仅要保证基本情况、主要做法、经验教训的全面，还要满足通俗易懂、结构清晰、逻辑性强的要求，从而取得更好的培训效果。

（二）开展案例教学

在车站进行案例开发，可以从以下四方面进行。一是向各专业科室、车间进行征集，各科室、车间的现场实践经验是干部培训中案例资源挖掘、开发的关键渠道。二是通过培训资源，进一步加强案例资源的整合，畅通与各种不同培训内容之间的融会贯通，实现规模化案例开发。三是通过参培人员组建案例教材编写小组，围绕案例收集、教材撰写、内容修改等环节展开经验交流与研讨，并对参培学员中的优秀案例进行公开展示，达成了提升学员参与度与热情的效果。四是发放调查问卷，通过调查问卷收集参培人员的需求和反馈，以指导今后更好地开发案例教学的方向。

（三）完善案例教学设计

首先，以培训解决实际问题为目标。在案例教学设计中要以问题为导向，对案例内容进行细致分析与梳理，进而将其中的关键知识点与能力素养要求加以提取，融合到培训主题和课程中，将案例内容转化为解决相关问题的要点，突出一个案例解决一个问题。其次，以激发学习动力为目标。根据学员需求、层次的不同，增强案例设计的灵活性，通过多样性的案例设计来提高教学的针对性，激发参培人员的学习动机。最后，以提高培训水平为目标。设计者应加强对案例教学经验的积累不断完善案例课程设计，真正意义上发挥出案例资源的实践性作用，促进干部培训效果的进一步提升。

（四）开展小组交流

在开展案例教学的过程中，经常用到的一种形式是小组交流，即授课教师将预先准备好的案例发放给参培干部，在完成对基础内容的简单介绍后提出问题，以小组为单位进行研讨。各小组对案例的讨论应在充分阅读理解的基础上进行，充分发挥出自身优势，实现将自身观念与他人建议的有机结合，进而得出本组的统一方案。最后，各小组还应让代表上台对本小组的讨论结果进行展示，最终起到相互交流、学习的目的。

综上所述，案例教学法的应用对于干部培训来说是一种新的尝试，不仅可以实现对教学内容、方法与模式的创新，还可以给参培干部提供更好的学习氛围，实现理论知识与综合能力的有机结合。

关于干部培训研讨交流课程设计与开发的探讨

天津铁路专业技术服务中心　刘春燕　胡　刚

干部培训是培养和造就新时代企业干部的重要方式，因此采取何种教学方式才能达到较好的教学效果是值得深入研究的问题。一般而言，课堂讲授式教学是目前教学的主要方式，而研讨交流课程往往是教学人员和教学管理人员容易忽视的教学环节，也是目前铁路干部培训教学中相对薄弱并亟待加强的教学环节。研讨交流课程质量的提高首先要规范课程的设计、加强课程的开发。有鉴于此，有必要深究研讨交流课程的性质、作用及研讨交流课程设计与开发方面的有关问题。

一、研讨交流课程的性质和作用

（一）研讨交流课程的性质

研讨交流多被视为学员无组织的学习活动，这是一个误区。究其根本，研讨交流课程的性质首先是一门以研讨交流为基本教学形式的研究式课程，因此，也就具备课程的特质和课程的目标、内容、模式、评价等要素。

（二）研讨交流课程的范围

研讨交流课程的目的是通过分析和讨论的教学形式，帮助学员深入理解学习和工作中遇到的问题，来提高学员的理论素养和实践能力。它适用的范围包括两种，一是培训主题指向鲜明的情形，学员可以围绕特定的主题分享他们的知识、经验和观点，促进学员的学习和成长，如党员发展对象培训班、新任职车间主任培训班等；二是可以通过模拟真实情境或事件的情形，让学员身临其境地体验和解决问题，从而培养他们的应对能力和决策能力，如中青年干部培训班、党支部委员培训班等。

（三）研讨交流课程的作用

研讨交流课程是一种符合现代培训理念、值得倡导的研究性、参与性、开放性的课程，在干部培训中具有以下三方面的作用。

1. 帮助学员对正在思考的论题形成更全面、更深刻的理解。

2. 提高学员自我意识和自我反思的能力，激励学员思考他人的不同意见，反复思考自身及其观点的不足之处。

3. 培养学员对不断出现的不同观点的正确评判能力、协调能力。

二、研讨交流课程设计的规范

课程的设计是任何课程实施的前提，研讨交流作为一门课程也是如此。事实上，由于动用的资源多、协调的因素多，一次好的研讨交流课程的设计与实施常常难于讲授式课程。而目前培训中由于研讨交流课程设计得简单化、不规范，造成研讨交流课程质量不高。因此，应高度重视设计的基点和要素，如图 1 所示。设计基点决定课程设计的方向、原则、目的，是课程设计的基础；设计要素是课程设计的内容，是课程设计具体需要考量的角度，是课程设计的关键。

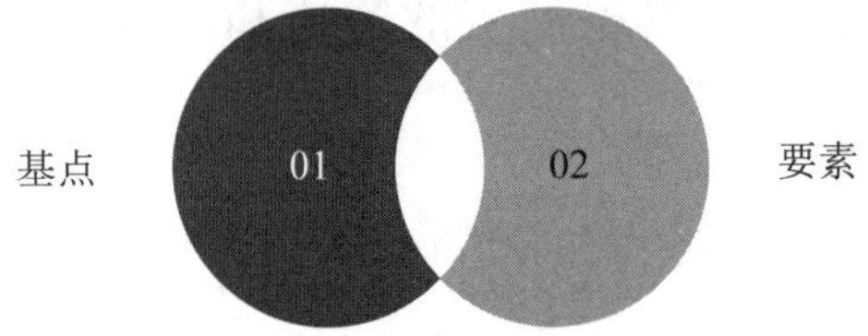

图 1　课程设计规范

（一）研讨交流课程设计的基点

1. 树立正确的课程观。思想是行动的先导，未把研讨交流当成课程，是其所存在的各种问题的根源。只有将研讨交流定位为课程，才能在设计时按照课程的标准去设计，从而避免简单化。

2. 明确课程设计的原则。研讨交流课程的设计必须要满足企业组织、岗位和干部个人的培训需求，同时要符合成人学习的规律。

3. 选择课程设计的资源依据。一是以参与培训的学员为依据，这种形式的特点是将学员的需要、兴趣、能力以及过去的经验选择为课程要素决策的基础。二是以研讨主题的实用性为依据，就是学员实际工作中需要解决的问题。

（二）研讨交流课程设计的主要要素

研讨交流课程设计要素是课程设计与开发的根本，只有对主要要素进行甄别、评估、评价，才能取得课程设计的良好效果，其要素主要包括如下八种，如图 2 所示。

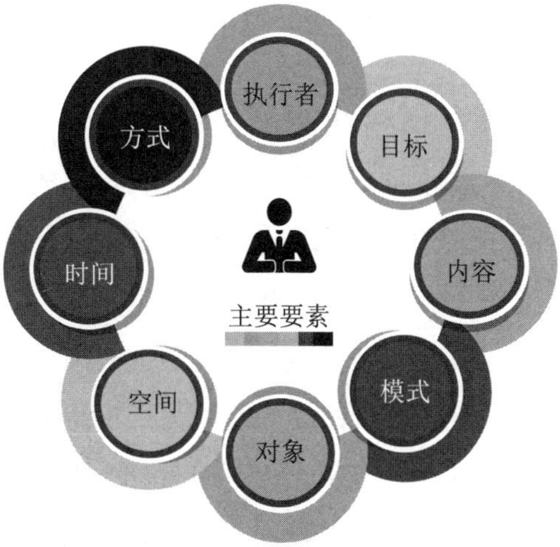

图 2　研讨交流课程设计主要要素

1. 遴选课程执行者。承担这门课程教学责任的人，可以是老师，也可以是教学管理人员，总之要有人从设计到实施、评估一以贯之地进行管理，以避免仅有个话题挂在课表上面，却没有老师或负责人或者他们没有起到应有作用的情况出现。

2. 明确课程目标。课程目标提供了学习的方向和应达到的标准。每次研讨交流课程的目标是不同的，往往涉及知识、态度和技能三个方面，应结合整个培训的目标和模块要求而定。有的课程目标是要加深对政治理论的理解；有的是要提高领导能力、借鉴领导经验；有的是要研究业务问题、切磋管理技能。因此，每一次研讨交流课程都应明确目标、有所侧重，不可泛泛而谈。

3. 安排课程的内容。研讨交流课程的内容设计有两个维度。一是顺序和范围的逻辑维度。顺序指在垂直方向上的组织，比如先有学员的介绍发言，还有老师的点评总结；范围指对课程内容在水平方向上的安排，研讨交流的范围要对学员有意义，可以结合专题教学而定，也可以选择大家共同关心的各种工作问题进行划定。二是心理维度。研讨主题要符合学员心理需求，要让学员能够逐步接受并认为有深入交流的必要，要选择有话可说、学员愿意倾听，甚至是足以引人入胜的话题。

4. 确定课程的模式。研讨交流最关键的是要促成学员之间的对话和思考，这是所有方法共同的目的。这其中研讨的机制、规则最为重要，是研讨交流活动的抓手，可以采用轮流发言、情景模拟或案例分析的机制进行。总之，要设计一个学员必须讲话又必须倾听的机制。此外，点评他人的发言和谈观点体会都是常用的方法。

5. 研究培训对象。在选择和规划学习的方向和目标时，首要的问题是对学员做观察和研究，以保证课程的设计符合他们的需求，并促使他们持久地参与学习过程。一般而言，研讨课题的选择在征得学员同意后，就能得到学员的认同，提高他们参与的积极性。

6. 设计研讨交流的空间。研讨场所的安排应该满足研讨内容的要求。如研讨交流以先分组再集中的形式进行，就应该先让学员分别在研讨室交流，然后在教室集中分享；而采用案例分析式、情景模拟式的研讨交流，就应在大教室分组，此后也在大教室集中探讨，这些都需要作周密的设计和安排。

7. 分配研讨交流的时间。时间分配也要根据研讨交流的内容和人数来决定，要保证每人有讲话的机会，并兼顾整个教学节奏的流畅完整。

8. 选择课程评估的方式。课程评估方式是研讨交流课程质量的重要保证。有多种课程评估的方式可供选择，如对学员准备工作的评估考核、对现场的评估考核、对学员学习效果的评估以及对老师组织质量的评估等。

三、干部培训中研讨交流课程的开发

要使研讨交流课程富有实效，就必须按照以人为本、按需施教的原则，进行研讨交流课程的开发与创新。笔者认为，可以从以下两方面入手。

（一）研讨交流内容的开发

研讨的内容应选择那些能够让学员共同关心的题目，选择大家都有话可讲、愿意讲的话题。

1. 应选择每个人内心深处最受触动的工作事件。其意义在于，通过学员对某些关键事件的详尽描述，揭示与挖掘其素质能力在工作中所发挥的作用，引导学员互相启发、借鉴，并做到扬长避短。例如车间主任培训班中，学员分享了集团公司防洪工作中涌现出来的防洪事迹、防洪精神，在交流探讨中得到了学员的广泛欢迎，使学员真切地感受到什么是“平常时候看得出来、关键时刻站得出来、危急关头豁得出来”。

2. 充分利用学员工作中的典型案例、先进经验并加以推广。这类研讨交流课程的关键是要和学员协商确定好案例的类型、分组的形式，要保证每个学员都能提前准备案例。例如，站段新任职车间主任、副主任培训班中，学员按照培训通知要求，分享本单位经验案例，先进做法，通过研讨交流，认识了不同岗位的工作特色、管理理念，互帮互助，发挥了示范作用。

3. 精选政治理论课题的案例。对于干部培训而言，政治理论素养必不可少，若干部对于重要政治理论认识模糊，必将对工作产生负面影响。例如，在党员发展对象培训班中，学员就铁路现代化的发展、中国式现代化的实现和党的领导之间的关系等重要理论进行讨论，畅谈理论结合工作的体会，加深了对问题的理解，保持了清醒的头脑，明确了政治方向，严格按照国铁集团、集团公司的相关要求落实好工作任务。

（二）创新研讨交流形式

研讨交流形式是研讨交流的载体，丰富多样的形式既可更好地发挥不同的研讨内容的功效，又可以增加研讨的趣味性和吸引力。现介绍以下三种研讨交流方式，以供参考。

1. 采访式。一个小组中，学员依次成为采访者、主持人，询问他人的案例并进行点评，其他人补充。因此，每个学员都既是讲述者、又是倾听者、也是点评者，每个学员都必须关心他人的发言，学员的积极性、注意力都能被充分调动起来。

2. 情景模拟式。学员可以在角色扮演中感受关键素养和能力的重大价值，衡量自身的优势和局限。例如，在党支部书记培训班中，安排“三会一课”、发展党员程序、民主生活会的情景模拟，令学员体会沉浸式学习方式，达到耳目一新的效果。

3. 差异利用法。可以通过扩大研讨交流学员的范围，来制造参加交流的学员的差异性，通过差异性让学员了解到其他岗位角色的看法，如正职与副职之间、领导干部与普通干部之间、学员和老师之间等。

这样的研讨交流活动已经不限于本小组和本班的学员，其差异性会使信息传递最大化，也最能碰撞出思想火花，更好地培养学员多方面的视角。

四、结　　语

经过一年多的研究和实践，干部培训研讨交流课程模式在天津铁路专业技术服务中心干部培训班中得到了成功的应用。今后，天津铁路专业技术服务中心将进一步结合干部培训的特点，将这一成功模式在铁路人才培训中全面进行推广实施，注重教学形式的创新，紧跟教育教学的理念更新，并与信息技术最新的研究成果相结合，不断完善干部培训研讨交流课程实施方案，形成符合干部培养培训特色，通过不断创新和不断实践，将干部培训研讨交流课程打造成一张课程体系的亮丽名片。

关于结构化研讨教学方式的探索

衡水供电段　王　斌

习近平总书记指出："好干部是选拔出来的，也是培育和管理出来的。要加强干部教育培训，使广大干部政治素养、理论水平、专业能力、实践本领跟上时代发展步伐。"近年来，随着铁路技术的不断进步和运输需求的持续增长，新技术、新设备不断投入使用，这对铁路干部综合素质提出了更高的要求。为进一步提升管理及专业技术岗位干部的专业素质和岗位履职能力，需要转变培训思路，探索培训新方式、新方法，提高培训质量，满足干部快速成长需求，打造一支适应新时代发展要求的干部队伍。

一、结构化研讨提出的意义

（一）传统教学方式存在的局限性

一直以来，干培培训采用的方式主要是讲授式教学、案例式教学和自由式研讨等，均存在一定的局限性。讲授式教学有助于发挥授课老师的主导作用，便于干部学员在短时间内获得大量的知识储备，但缺乏互动和实践环节，容易造成"注入式""填鸭式"的结果，难以提升学员的学习兴趣和主动学习的积极性。案例式教学虽然有利于提高学员分析问题和解决问题的能力，但难以有效锻炼学员的实践调查和综合决策能力，降低了培训效果。受铁路行业性质原因，学员多数为理工科出身，思维模式比较固定，习惯逻辑推理，不擅发散思维，导致自由式研讨“只开花不结果”。这些问题很大程度上限制了培训效果，不能适应铁路干部不断更新知识和技能的需求。

（二）结构化研讨的提出

针对上述问题，结合学员实际情况考虑，需要探索一种新型教学方式以提升培训质量。为此，衡水供电段适时引进了结构化研讨的新型教学方式。结构化研讨是“以学员的需求为基础，以学员关注的问题为中心，以学员自身为主体”的现代培训理念，能够适应干部学习特点和“集中”优势的教学方法，极大促进学员之间交流，提高学员的思维能力，从而进一步提升培训效果。

二、结构化研讨的探索

为进一步探索干部教学方式，提高培训质量和效果，衡水供电段在 2020 年中层干部培训班中首次采用了结构化研讨的教学方式，对结构化研讨进行了尝试和探索，此后又陆续在大学生培训班等教学培训中进行了完善和总结，取得了一定的效果，培训质量和效果有了明显提升。

（一）主题确立

确定研讨主题是结构化研讨的重要一步，应结合运输生产实际需求和人才培养目标，深入调研当前形势任务中的重点、难点问题。例如，可围绕安全生产管理，确定“如何提升车间组织生产能力和水平”的主题；围绕干部人才培养，确定“大学生如何尽快成长成才”的主题。这些主题既紧密联系工作实际，又具有现实意义，能充分激发学员的学习热情和探索欲望。

（二）研讨准备

研讨前，应由人事部门组织学员对结构化研讨方式的由来和发展进行学习，同时对本次研讨的主题和背景进行介绍，指出研讨方向，并准备好研讨常用的工具（便利贴、A1 纸、白板、记号笔等），组织开展模拟演练，确保研讨效果。

（三）研讨分组

根据学员不同特点，由培训老师负责整体组织协调与制订分组方案，选拔岗位经历丰富、协调组织能力出色的学员担任组长，明确本组成员职责，包括组长、书记员（3～4 人）、发言人（1 人）、记时员（1 人）、监督员（1 人）、画师 2～3 人、氛围员（2～3 人），并带领组员进行研讨。

（四）研讨方式

研讨主要采用的方式是头脑风暴法、团队列名法、鱼骨图法、四副眼镜法，共分为三个阶段。

1. 第一阶段：集思广益找问题（头脑风暴法、团队列名法），40 分钟。

（1）思考交流（5 分钟）。根据研讨主题，组长鼓励大家积极思考，贡献思想，积极进行讨论交流。

（2）书写问题（3 分钟）。小组成员在限定时间内，独自把思考的难点或问题写在便利贴上。

（3）个人发言（15 分钟）。逐人进行发言，每人每轮只讲一条问题，由书记员逐条记录（注意关键词）。已提出过的问题不进行重复发言，发言期间他人不允许评论。

（4）讨论整合（10 分钟）。书记员将每个人的问题便利贴进行汇总并粘贴在 A1 纸上，根据所记录的关键词对相同或类似问题进行归类。组长带领组内成员根据 A1 纸上的问题进行讨论，最后由书记员把整合后的问题清单逐一编号。

（5）排列打分（5 分钟）。每人根据认为问题重要的程度，从问题清单中选出3条写在纸上；排第一位的按3分计算，依次递减1分。书记员收齐汇总，把每条意见的全组打分数相加，整理列出前三条，并标注每条的合计得分数。

（6）问题得出（2分钟）。

方案一：主持人带领各组组长对每组得出的问题进行讨论整理，选出四个最具代表性的问题，由组长采取抽签的方式抽取本组问题。

方案二：每组针对本组得分前三的问题进行原因分析。

2. 第二阶段：鞭辟入里找原因（鱼骨图法），60分钟。

（1）个人发言（20分钟）。组长引导组员分类分级分析每个问题存在的深层次原因。

（2）讨论整合（10分钟）。组长简要回顾梳理组员主要观点，与组员共同研讨问题存在的核心原因。

（3）原因分类（10分钟）。书记员根据讨论结果对引起问题的原因进行分类，由画师进行鱼骨图绘制，如图1所示，首先将问题关键词写在鱼头内，并在鱼头中后部引出一条水平直线（鱼脊），其次在鱼脊上画出与鱼脊呈45°～60°角的直线（大骨），并在每个大骨末端标出原因类别。

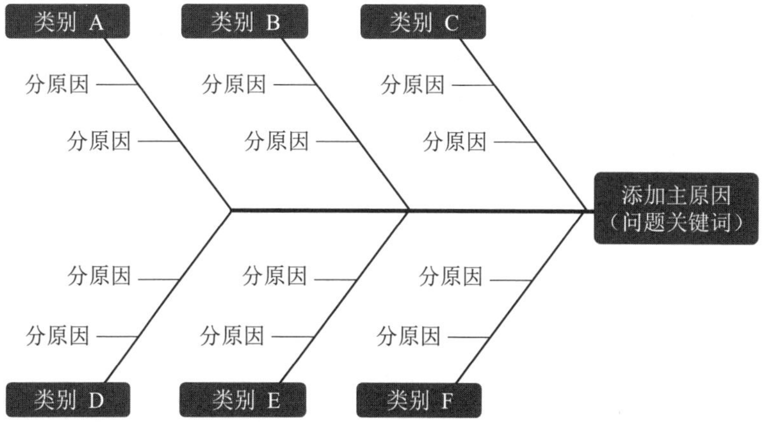

图1　鱼骨图

（4）原因细化（10分钟）。组长带领组员对引起问题的原因进一步细化，分别找出各类别原因的相应因素，并将找出的各因素进行归类、整理，由画师自大骨画出与鱼脊平行的中骨，标出具体因素。

（5）优化完善（10分钟）。组长带领组员对鱼骨图进行优化整理，分析选取重要因素，并检查各因素的描述，确保语言简明、意思明确。

3. 第三阶段：对策优选出高招（四副眼镜法），60分钟。

（1）个人发言（15分钟）。组长引导每位组员根据聚焦的问题，结合自身岗位和工作经验，针对鱼骨图列出的原因提出解决措施并写在便利贴上，措施要与原因形成对应关系，具体、可操作、易执行。

（2）组内讨论（15分钟）。根据便利贴上的解决措施，小组内进行智慧碰撞，由书记员根据讨论内容在A1纸上记录讨论得出的具体措施。

（3）集体讨论（30分钟）。将A1纸贴在白板上，采用四副眼镜法，由每组发言人对本组讨论结果依次进行发言（发言时间不超过5分钟），其他组佩戴不同眼镜对发言组的对策进行审视，见表1。

表1　四副眼镜法特点及具体内容

	特　点	具体内容
万花镜	从肯定、积极的角度思考问题	鼓励学员从正面和乐观的角度出发，寻找问题的积极方面
墨镜	从质疑、否定的角度思考问题	让学员从批判的角度审视问题，识别可能的风险或负面因素
望远镜	从宏观、全局的角度思考问题	鼓励学员从整体和长远的角度审视问题，识别可能的风险或因素
放大镜	从操作、执行的角度思考问题	让学员从执行者的角度考虑问题，确保分析结果具有实际操作性

（五）研讨总结

研讨结束后，由小组派出发言人发布研讨成果并对结构化研讨的特点、优势进行分析总结，见表2及表3。

表2 结构化研讨特点及具体内容

结构化研讨特点	具体内容
以问题为导向	以实际问题为出发点，引导学员思考讨论，深入分析问题本质，提出针对性解决方案
强调团队合作	以小组为单位，学员相互交流合作解决问题，培养团队协作精神和沟通能力
注重过程引导	教师扮演引导者，通过提问、反馈引导学员思考讨论，让学员掌握方法技巧，提高效率质量
鼓励创新思维	鼓励学员提出不同观点想法，激发创新思维，通过观点碰撞融合开拓思路，提出创新性解决方案

表3 结构化研讨优势及具体内容

结构化研讨优势	具体内容
提高学员参与度和主动性	强调参与互动，发挥主观能动性，提高学习兴趣和效果
培养团队协作精神和沟通能力	小组合作解决问题，培养团队精神，提高凝聚力
提升思维和解决问题能力	以问题为导向引导思考分析，学会分析问题和优化方案
促进教学资源整合利用	充分利用教学资源，理论与实践结合，提高利用效率

三、结构化研讨的效果

通过培训班结构化研讨效果反馈情况来看，结构化研讨的新型教学方式取得明显成效。

1. 提升问题解决能力。一是聚焦问题。通过结构化的研讨方式，能够引导学员将注意力集中在特定的问题上，深入分析问题的本质和根源。二是集思广益。参与研讨的学员可以从不同角度提出观点和解决方案，充分发挥集体智慧，提高问题解决的质量和效率。例如，在大学生培训班中，研讨问题由各位学员结合自身所学专业、岗位经历、培养方式等讨论选出，是学员自身发展中最关心的问题，既能激发学员主动探讨的积极性，又能充分发掘学员潜力，研讨中的各种思路、想法、建议，亦有助于相关制度的健全完善。

2. 促进团队协作意识。一是增强沟通。在结构化研讨中，学员积极表达自己的观点，倾听他人的意见，促进了彼此之间的沟通和交流。二是培养合作精神。通过共同探讨问题、制订解决方案，学员能够更好地理解企业团队合作的重要性，培养合作意识和团队精神，促进企业干部职工共保安全生产合力。

3. 推动经验共享。一是拓宽视野。通过接触不同的观点和思路，有助于拓宽视野，丰富知识储备，提升干部的综合素质。二是分享经验。学员在研讨过程中可以分享自己的工作经验和专业知识，促进知识的流动和共享。例如，在中层干部培训班中，各参培学员通过总结提炼各车间在安全生产中好的经验做法并进行分享交流，可以解决车间存在的一些共性问题，提升了安全生产管理水平。

4. 增强培训效果。一是增强参与度。与传统培训方式相比，结构化研讨更加注重学员的参与和互动，能够提高学员的学习积极性和主动性。二是促进学以致用。通过对实际问题的研讨，学员能够将所学知识与工作实践相结合，更好地应用到实际工作中，学以致用，提高了培训的实效性。三是看得见成果。研讨过程中，学员将研讨成果进行了汇集和释放，便于形成专门的结构化研讨成果材料，从而解决在实际生产中遇到的难点难题。

四、结　语

结构化研讨助力教学方式改革创新的引入取得了较好成效。在面对教学现状中的诸多问题时，结构化研讨以其独特的特点和优势为人才培养带来了新的活力。确定紧密结合实际需求的研讨主题，组建充分考虑多方面因素的研讨小组，开展研讨活动循序渐进的各个阶段（从导入到头脑风暴、分类整理再到总结汇报）以及实践应用与反馈，形成了一个完整的教学闭环。但研讨过程也存在两方面的不足，一方面是引导培训不到位，部分学员对结构化研讨不了解，研讨开始时不

图 2　结构化研讨教学过程

能及时进入状态，以至于后续研讨时间不够用；另一方面是讨论不够充分，有些学员思维活跃讨论过于激烈，也有个别学员受岗位经历限制和自身性格原因，讨论相对沉默。

未来工作中，衡水供电段将把这一行之有效的方法融入进相关干部培训班中，在具体实践中不断巩固教学成果，完善方法技巧，将教学培训探索改革进一步推向深入，为铁路高质量发展提供有力人才支撑，努力为服务建设铁路“六个现代化体系”作出贡献。

关于在长班次组织开展调查研究的实践与思考

北京局集团公司党校 熊 伟 杨 睿

习近平总书记指出，调查研究是我们党的传家宝，是做好各项工作的基本功。集团公司党校作为铁路干部教育培训的主阵地，在时长1个月以上的主体班中将调查研究作为重要教学内容贯穿培训始终，既是贯彻落实党的二十大精神的重要任务，也是推进党校创新发展的重要途径。

一、在干部教育培训过程中开展调查研究的背景

在新时代，坚持和加强党员干部调查研究，对于干部教育培训具有重要意义。

（一）调查研究是党员干部的必备条件，是联系群众的重要渠道

《中国共产党章程》在“党的干部”一章中，规定了党的各级领导干部必须具备的基本条件，其中第三条就提到要“认真调查研究”。群众路线是我们党的生命线和根本工作路线，会不会开展调查研究、能不能坚持开展调查研究，是衡量党员干部是否合格的一条重要标准。因此，党员干部在培训班中开展调查研究，学的是调查研究的工作方法，坚持的是党的群众路线。

（二）在培训中开展学员调查研究是满足干部培训需求的重要途径

从培训学员提交的“两带来”材料之一“工作学习中的理论困惑”看，一方面铁路干部感到在纷繁复杂的网络信息中，学习很难做到系统全面；另一方面铁路干部感到能够切实指导和推动实际工作的针对性学习仍有不足，特别是如何将理论学习与实践结合，更期待有相似工作经历的干部一起探讨、有更强工作能力的领导传授经验、有更深理论研究的专家学者打开思想格局。为此，在干部教育培训过程中为年轻干部搭建调查研究的平台，是满足干部培训需求的有效途径。

（三）深度参与学员调查研究是提升师资队伍科研水平的有效模式

受工作经历和专业等因素制约，干部培训系统师资在工作中开展铁路领域研究，虽然研究能力很强、撰写文章的水平很高，但是缺少对研究领域的深度实践，在有限的研究空间、有限的研究时间制约下，很难产出铁路背景下高质量的研究成果。因此，如果在开展培训过程中让教师全过程参与到教学组织，指导学员开展调查研究，作为小组成员深度参与某一个调研小组的研究过程，或者将参加培训的干部作为调研对象进行研究，不仅能提升干部培训的办班质量，也能提升干培系统师资队伍的科研水平。

二、集团公司党校在长班次开展调查研究工作的探索

自 2023 年以来，集团公司党校结合培训要求，在时长 1 个月以上的主体班中开展了学员调查研究工作的探索。目前，共完成了 5 个长班次的调查研究工作，分别是 2023 年“78 后”副处级领导人员培训班、2023 中青年干部培训班、2023 年骨干专业技术人才政治思想提升专题培训班、2024 年副处级领导人员提升政治能力研修班、2024 年年

轻干部强化理想信念进修班。

（一）各长班次调查研究工作开展情况

1. 加强理论培育，制定工作规范。为扎实做好学员调查研究，集团公司党校在培训课程安排中优选理论课程，增加调查研究课程内容；制定调查研究工作规范，并结合不同培训班次的培训对象和培训学时不同，有侧重地实施调查研究环节。如，副处级领导人员研修班、中青年干部培训班、年轻干部进修班等培训班，按照调查研究工作规范，坚持从选题定题、开题发布、制订方案、现场调研、中期检查、结构化研讨、初稿审核、结题发布等多个环节，全流程开展调查研究；骨干专业技术人才政治思想提升专题培训班，侧重于安排结构化研讨，突出调查研究重点环节示范。

2. 突出理论指导，督导推进落实。为了保证调研收到预期效果，集团公司党校组织学员在定题分组的基础上进一步研究拟定流程化的调研提纲，明确主要研究内容、方法、进度计划。此外，还安排教师分步指导调研活动开展，协助学员制订调查研究具体步骤，推进节点安排，在开题发布、结构化研讨、初稿审核环节中加强理论指导。

3. 搭建献策平台，助推成果转化。集团公司党校始终重视学员调研成果转化工作，鼓励学员参与科研、决策咨询，建立为党献策“三位一体”熔炉资讯体系。择优调研报告选刊在集团公司党校的建言咨政刊物《熔炉资讯》，推荐优秀调研报告到集团公司相关专业部室进一步实现理论指导实践，助力学员调研成果为北京局集团公司高质量发展建言献策。

（二）学员调查研究成果质量情况及效果评价

综合分析，5 个长班次成功组建了高质量的调研团队，共产生小组调研报告 56 篇，个人调研报告 221 篇，成果数量与预期目标相符。特别值得一提的是，“78 后”副处级领导人员培训班学员撰写的《固本强基　筑牢工务车间“桥头堡”——关于工务系统车间主体作用发挥不到位问题的调研》调研报告，得到了集团公司主要领导的高度评价和明确批示。

在与学员的深入交流过程中，部分学员提出了关于调研时间不足、现场调研机会有限、调研报告撰写时间紧张以及培训课程安排过于密集等问题。以培训时长 1 个月的年轻干部进修班和培训时长 2 个月的中青班为例，调查发现两个班次的教学内容大体相同，学员需完成的文稿数量均超过 500 篇，特别是年轻干部进修班，从接触调查研究课程到参与研讨式教学，再到课题的开题与结题，整个过程仅安排了两周左右的时间。这充分反映了在教学设计和时间分配上，确实存在学员所反映的调研时间不足的问题。要撰写出高质量的调查研究报告，需要下大功夫、下苦功夫。这些实际情况限制了学员深入研究调研工作的能力，进而影响了调研工作的质量。同时，在调查研究工作的组织管理方面，相关制度尚处于完善阶段，各环节的督导工作还需进一步加强，需要制定更为详细和具体的调查研究工作规范。

三、在长班次中开展调查研究的对策建议

影响调研质量的因素很多，针对党校各长班次学员调查研究工作开展的实际情况，站在干部教育培训工作发展的角度，建议从三个维度做好管理服务。

（一）紧扣重点，“深绘”调查研究工作规范，夯实培训基础

不断完善党校学员开展调查研究工作规范，构建实施基于干部教育培训调查研究的标准化体系。坚持将调查研究贯穿于干部教育培训全过程，强化培训方案顶层设计，形成调查研究贯穿于始终的培训方案，构建“调查研究、研讨交流、科学决策、成果转化”的闭环工作机制。紧盯选题分组、研讨式教学、定题审核、开题会议、现场调研、结构化研讨、初稿审核、修改意见反馈、结题会议等环节，推动调查研究工作向流程化、规范化、制度化迈进，夯实培训基础，增强调查研究的严肃性。

（二）打通堵点，“纵向拉长”调查研究过程，提高学员调研质量

针对学员反应的时间不够的问题，考虑将调查研究时间通过前延和后延进行拉长。

1. 调查研究前延，由“两带来”变为“三带来”。长班次培训班学员在培训前，认真思考撰写“两带来”材料（即“带来一个实践困惑，带来一个工作中的实践案例”），在此基础上再增加“带来一个调研课题”，使“两带来”变为“三带来”，延长学员准备调查研究的时间。建立学员调研课题库，也可成为丰富的教学资源。

2. 调查研究后延，用好用足培训平台。在组织学员进行结构化研讨后，将调查研究向结业后延伸，延长调研小组整理数据、核实数据、撰写报告和审核的时间。将中期检查放在结业后 1 个月，培训班承办单位组织召开研讨会，邀请各部室相关负责人、调研小组成员参加，分系统开展多场研讨会，帮助各调研小组找准调研方向、梳理调研方法、形成调研结论。初稿审核和结题会按照同样方法执行，用好用足培训平台，提高调研成果质量。

在 2024 年举办的骨干专业技术人才培训班中，党校充分考虑了实际教学需求，在调查研究基本方案的基础上，精心制定了学员调查研究阶段推进方案。根据该方案，调研的时间跨度被延长至培训结业后的一个月。在这一科学规划下，学员们在党校教师的“一对一”悉心指导下，不仅在校内深入学习理论知识、在实际工作现场开展深入的实地调研，而且获得了更为充裕的时间进行论证，从而有效提升了研究工作的质量。

（三）多点覆盖，“横向联动”铁路师资，提升师资队伍科研水平

当前，各培训机构开展学员调查研究工作存在发展不均衡的现象，

有的培训机构尚未将学员调查研究作为培训班的一项重要工作开展，导致调研成果相对较少。必须承认，指导学员开展调研工作确实存在一定的难度，付出的劳动比较多，并且成果的产出周期较长。这些因素与承办班次的学时安排、学员的能力有直接关系。普遍认为，党校的教学质量比较高，管理比较规范，因此建议从铁路系统的师资队伍中挑选一批年轻、优秀且具备发展潜力的同志，来党校进行长期的交流学习。作为班主任，应全程跟踪培训过程，参与理论教学工作，并选择与自身研究方向相契合的课题，与调研小组深入合作，把研究成果带回原单位。这样不仅能够提升师资队伍的理论研究能力，也能为学员提供理论指导。利用党校学风优势，促进各培训机构师资的横向联动，从而提高集团公司干部培训的教学组织质量，提升师资科研的整体水平。

如何在长班次培训中开展好调查研究工作

北京局集团公司供电部　范鹏程

在大兴调查研究之风的推动下，长班次干部培训中开展调查研究已经成为“固定动作”，取得了不少成果，但也存在一些问题。通过查阅资料、问卷调查、座谈交流、一对一访谈、请教专家学者、对比分析等方式，对集团公司长班次培训中开展调查研究工作进行了研究分析，成果简要概述如下。

一、充分认识调查研究对长班次培训的重要意义

习近平总书记强调，调查研究是谋事之基、成事之道。在长班次培训中开展调查研究，既是落实习近平总书记讲话精神、提升培训质效的关键环节，又是集中化、科学化、系统化培训干部调研本领、助力实际工作的有效途径。

1. 调查研究是党的光荣传统和重要法宝。调查研究是党坚持马克思主义认识论的一项基本工作方法和工作制度，一代代共产党人始终把调查研究作为革命和建设的法宝接续传承。尤其是2023年以来，全党全国大兴调查研究之风，再次凸显出调研是转变作风、提高本领、强化担当的有效途径。

2. 调查研究是推动集团公司高质量发展的重要保障。调查研究是党员干部的看家本领，是做好各项工作的基本前提。掌握调查研究方法，提升调查研究能力，能够对标实际、出实招干实事，对首善之局

高质量发展具有很大的推动作用。

3. 调查研究是培养干部的有效途径。对于参培干部来说，在培训中开展调查研究，不但可以增强本领、提升综合素养，更是开阔视野、强化问题分析能力、主动担当、掌握科学工作方法的必要途径。

4. 调查研究是提升长班次培训质效的有力武器。相比于普通调研来说，在长班次培训中开展调查研究，无论是主题确定、调研过程，还是报告起草、发表运用，都能得到专业指导和帮助，更利于参培人员综合素质提升，对培训效果有着极大的促进作用。如 2023 年“78 后”副处级领导人员进修班和中青年干部培训班撰写的两篇调研报告，不但得到集团公司高度认可，在实际应用中也起到良好效果，充分体现了长班次培训中开展调查研究的必要性和重要性。

二、长班次开展调查研究存在的问题

在长班次中开展调查研究虽然取得了一定成效，但对标高标准要求，依然存在一些典型问题，主要表现在以下六个方面。

1. 意识不到位。部分参培人员，尤其是年轻干部由于政治理论水平欠缺，对调查研究的认识不到位，片面认为培训时间本来就不长，再去调研属于多此一举；同时，部分学员存在一定的畏难情绪，思想不过关，导致调查效果参差不齐。

2. 选题不精准。由于思考不深入、视野不开阔、针对性不强，调研未对标工作实际中制约高质量发展的重点、难点、热点问题，部分调研选题不准、不实、目的性不强，造成整个调研针对性差。

3. 方法不得当。部分参培人员调研方法简单，或仅仅简单搜集材料，或不明确调研主题，或采取简单落后的调研手段，或委托给“小秘书”起草，存在不同程度的简单主义、形式主义、官僚主义的问题。

4. 分析不科学。由于缺乏归纳总结和研究分析能力，对调查获得的材料只是简单整理，造成调研结论或对策建议不实用，“浮”在半空不好落地。

5. 运用不理想。由于调研报告质量一般，并不适用于实践，或根本没有运用；或因其衔接不顺畅，导致调研报告“躺”在电脑里，没有发挥应有作用，没有形成闭环。

6. 保障不全面。除了学员本身存在的问题，长班次培训中开展调查研究由于调研时间较短、分组不合理、培训针对性不足等问题，也对调研的质量造成一定影响。

三、运用多种举措提升长班次培训中开展调查研究的质效

对标存在问题，提出六条具体措施，以求长班次培训中开展调查研究工作能够取得想调研、愿调研、会调研、善调研的效果，以调研抓工作落实、以调研促高质量发展。

1. 增强意识，提高主动性、高标准。深入学习习近平新时代中国特色社会主义思想和习近平总书记关于调查研究的重要论述，充分认识调查研究的重要性和对工作的推进作用，继承和发扬深入基层调查研究的优良作风，增强做好调研工作的思想自觉、行动自觉、标准自觉。

2. 精准选题，大场景、小切口。要想调研起到实效，必须在选题上下功夫。如《固本强基　筑牢工务车间“桥头堡”——关于工务系统车间主体作用发挥不到位问题的调研》聚焦近年来工务系统“活没少干、事没少出”现状，以工务系统组织生产最前线的线路车间作为调查对象，以车间主体作用发挥存在的问题作为切入口，通过调研考察，基本摸清了梗阻车间主体作用发挥的 3 个方面、10 条主要问题，提出了极具针对性的 4 个方面、12 条建议措施，对调研主题作出了生动准确的回答。由此可知，做好调研，首先要谋划好调研主题，坚持大场景、小切口，从热点、焦点、堵点、难点，从苗头性倾向性问题出发，对标实际、实用、管用的标准，由问题定主题，从难题中选课题。

3. 丰富手段，提升调研质效。提高调研水平，思想上重视只是第

一步，不仅要重调研，更要会调研，用高质量的调查研究为集团公司高质量发展提供动力。一是要做到上接天线、下接地气，既掌握政策要求，又做到真下去、真调查、真思考、真出成果。二是要充分利用问卷调查、座谈会、跨部门联合调研、专家咨询等传统的调研方式，又要与时俱进利用在线交互、大数据分析等新兴调研方式，多种方式互相验证、加强“穿透力”。三是在调研中要兼收并蓄，既要听建议，更要听意见；既要听党员干部说，又要听职工群众说；既要用好“放大镜”掌握具体材料，又要动用“无人机”掌握整体情况。通过听、查、访、看、问等多种方式，既报喜又报忧，不唯书、不唯上、只唯实。

四、科学分析，增强调研实用性

三分调查，七分研究。开展调查研究，特别要防止调查多研究少、情况多分析少，提出的对策建议漂浮等问题。想要让调研报告更具借鉴性、实效性，必须用好调查所得的第一手资料，坚持定性分析和定量分析相结合，进行系统的分析和整合，抓住事物内在的联系，找到影响工作开展的症结，由此及彼、由表及里，去粗取精、去伪存真，以点及面、点面结合，透过现象看本质，把握好规律性，形成解决问题、促进工作的思路办法和建议举措。同时，在运用材料的过程中，还要辨别材料的真伪，核查数据是否准确；辨别材料与调研主题的相关性，做到情况实、分析透、对策准，使形成的调研报告能够落地推进，切实解决问题。

5. 加强运用，形成调研闭环。习近平总书记多次强调，注重调研成果转化运用，在调查的基础上深化研究，提高调研成果质量，切实把调研成果转化为解决问题、改进工作的实际举措。调研不是目的，运用到实际工作中产生效果才是最终目的。调研报告形成后，要组织专业评估，研究运用的可行性，并结合实际，从试点单位开始，逐步把行之有效的调研对策推广开来，形成闭环效应。

6. 强化保障，为调研保驾护航。为增强调研质效，相关部门和单位还要营造好氛围，针对性进行指导，培养各级干部的调查研究本领，尤其是培训组织部门和承办单位要多方面提供前后期支持，在调研本领培养、选题研讨确定、过程指导辅助、成文把关审核、运用闭环管理等方面提供全过程帮助，开辟更多发表渠道，助力调研转化为实践成果，让调研真正发挥作用。

综上所述，在长班次培训中开展调查研究既是大势所趋，又极其重要，只要对标培训和工作实际，针对性做好预案安排，强化专业力量指导，就能收获大量优秀的调研成果，为更好开展各项重点工作提供科学决策依据，助力集团公司高质量发展。

学员管理

关于加强培训期间学员管理、提高培训质量的思考与探究

北京电务段　马　娜　张慧娟

随着铁路行业的快速发展和技术的不断进步，对铁路职工的专业素质和技能水平提出了更高的要求。培训作为提升职工能力的重要途径，其质量直接关系到铁路运营的安全和效率。然而，当前铁路培训期间学员状态存在些许问题，导致学员在培训期间产生了培训思想不积极、学习效果不够好、培训资源利用不充分等问题，严重影响了培训效果。因此，本文旨在立足北京电务段干部培训实际情况，通过对培训期间学员现状进行调研和分析，从加强学员管理的角度出发，提出相应的解决方案和改进措施，以提高培训质量，为铁路行业的可持续发展提供有力支持。

一、培训期间学员状态分析

近两年以来，北京电务段共组织 18 人次参加 15 期国铁集团培训班，480 人次参加 174 期集团公司培训班，并组织自办班 33 期，共计 3063 人次参加自办班。此外，对不同层级 200 名学员培训期间的学习态度、现实表现及培训结束后的工作状态进行跟踪，组织学员填写调查问卷，进行统计分析。结果显示，93. 5%的被调研者对干部培训工作总体评价较好，但在学员培训状态及管理方面发现些许问题。

（一）在学习态度方面

培训期间，大部分学员对培训持有积极正面的态度，认为培训是提高自身专业技能和综合素质的重要途径，对于未来的职业发展具有重要意义。他们通常能够积极投入培训，认真学习，遵守纪律，主动思考，认真完成课后作业和实操任务，对培训内容保持较高的兴趣和关注度。然而，也有部分学员存在消极思想，对培训缺乏足够的热情和动力，对培训活动缺乏足够的投入，难以产生学习兴趣，无法按时完成培训任务。具体调研情况如图 1 及图 2 所示。

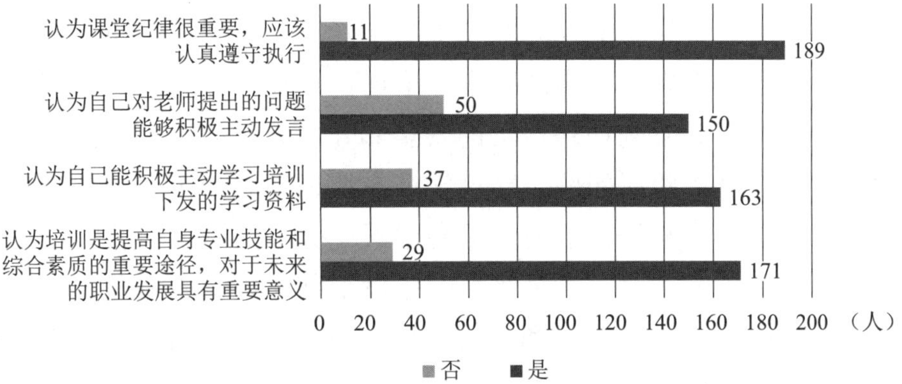

图 1　学员培训态度调查情况

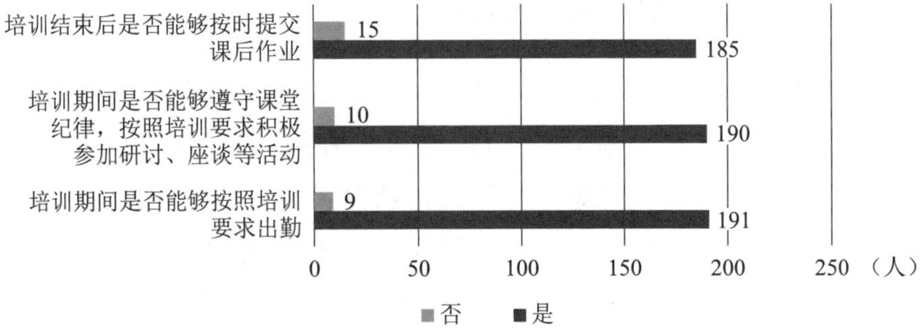

图 2　学员培训期间现实表现

（二）在学习效果方面

在学习效果方面，虽有部分学员能够在培训过程中积累经验和知识，提高自身的专业素养和综合能力，并能够通过培训获得一定的知识和技能提升，从而提高工作效率和质量。然而，也有部分学员的学习效果并不理想，在培训中参与度不高，无法充分理解和掌握培训内容，难以将培训内容应用到现场设备维修、施工及应急处置中。尤其是在自主学习阶段或由车间代培的培训中，因缺少集中监管，学员的学习质量较集中学习明显有折扣。经统计，近两年自办班结业考试成绩的满分率仅为33.4%，不合格率为0.7%，因事因病请假补考率达3.7%。

（三）在培训资源利用方面

工学矛盾是铁路培训过程中一直存在的问题，突出体现为学员对于培训资源利用不充分，主要表现在以下三个方面。

1. 对培训师资利用不充分。

2. 对培训时间利用不充分。

3. 对现有理论学习及实训资源的利用不充分，不能做到深入浅出，将理论与实际相结合。

此外，部分学员对铁路知识及相关内容的宣传片、微课、手机报的观看学习率不高，对现有实训基地的利用不够积极，钻研教材及对专业知识一探究竟的精神有所欠缺。

二、学员现状的多维度分析和思考

（一）培训态度不积极的原因

1. 学员个人背景与需求差异。学员的背景、工作经验、职业规划和个人需求不同，导致他们对培训的认识和态度有所差异。有些学员期望通过培训提升自我，而有些学员可能由于个人原因或职业规划不明确，对培训缺乏热情。

2. 培训内容和方式与学员需求不匹配。部分培训内容可能与学员的实际需求不符，或是培训方式不够吸引人，导致学员缺乏学习兴趣和动力。

3. 培训激励机制不完善。有效激励机制（如奖励制度、晋升机会等）的缺乏，会使得学员对培训缺乏足够的动力。

（二）学习效果不够好的原因

1. 学员基础差异。学员的专业基础、学习能力和学习态度存在差异，导致学习效果参差不齐。

2. 培训内容与方式不当。培训内容可能过于理论化，缺乏实践性和针对性，另外还存在培训方式单一的问题，无法满足学员的个性化需求。

3. 学员参与度不高。部分学员在培训过程中缺乏足够的参与和互动，导致学习效果不佳。

4. 培训后缺乏跟进和反馈。教师无法及时了解学员的学习情况和问题，也无法为学员提供必要的支持和帮助。

（三）培训资源利用不充分的原因

1. 培训师资管理不当。优质的培训师资可能没有得到充分的挖掘和利用，同时，新进的讲师由于缺乏培训经验，可能无法完全满足学员的学习需求。

2. 培训时间安排不合理。由于铁路系统的工作特点，职工的时间安排较为紧张，难以抽出大量的时间进行集中培训，同时，培训时间的安排可能与学员的工作时间冲突，导致学员无法全身心地投入培训。

3. 培训学员的资源利用能力有限。部分学员可能缺乏资源利用的能力，无法充分利用现有的培训资源进行深入学习和思考。

三、加强管理，全方位提升培训质量

针对以上现状和问题，应从加强学员管理的角度出发，进一步引领思想，完善制度，强化过程，优化资源，以提高培训质量和资源利用效率。

（一）强化信念，激发学习内驱力

在培训过程中，应加强对学员的思想教育和引导。将学习习近平新时代中国特色社会主义思想及党的二十大精神作为必修课，坚定学员理想信念，统一思想。通过讲解铁路事业的发展历程、企业文化、职业道德等内容，激发学员的学习热情和责任感，同时，教师应关注学员的心理状态，有针对性地开展心理辅导和谈心谈话，了解学员的思想困惑和需求，引导学员树立正确的培训态度和价值观，并通过组织优秀学员或行业专家举办经验分享会，让学员了解成功的经验和故事，找准自身定位，激发学员的学习兴趣和动力，规划自身成长路线。此外，还可通过团队建设活动，增强学员之间的凝聚力和合作精神，营造积极向上的学习氛围。针对培训态度不积极、对培训不重视的参培学员，可指定专人与参培学员本人进行一对一沟通，了解实际情况，纾解存在问题，鼓励与考核并行，从思想源头解决学员消极怠工的培训态度，并对其进行再培训与再检验，跟踪性培养，直至解决根源问题。

（二）健全制度，精细管理，确保培训效果最大化

1. 明确培训目标和要求。首先在现有培训计划的基础上，通过问卷调查、访谈等多种方式了解学员的实际需求、工作挑战和发展目标，制定清晰明确的培训目标和要求，确保学员对培训有清晰的认识和期望。其次根据学员需求和段安全生产需要，确定以技能提升、知识更新、团结协作等为培训主题，并将确定的培训主题细化为掌握某项技

能、提高某种能力、解决某个问题等，在此基础上再进一步具体化，明确量化指标，使其既具有挑战性又便于实现，达到激发学员学习动力的目标。最后明确学习要求，指导学员完成指定的课程学习、参与课堂讨论、完成调研报告、形成工作总结、提出合理化建议等。尤其应明确非集中培训的课程要求，以打卡、竞赛、考试等方式对学员学习成果进行验收。

2. 制定学员管理规范。根据段实际情况制定完善学员管理规范，明确学员在培训期间的行为规范和学习要求，促进学员自律。一是明确制定学员管理规范的目的和原则，签订培训承诺书，确保学员在培训期间能够遵守行为规范，以促进学员自律，提升培训效果。二是确定学员管理规范内容，包括学员的基本权利和义务、课堂纪律要求、学习要求、考勤和请假制度、违反规范的后果、处罚措施和培训评估的流程等。三是用好用活干部岗位履职必备知识培训考试系统，建立学员管理台账，收集、存储、分析和处理学员信息。四是开展培训活动，根据需要组织学员座谈会、经验分享会等培训活动，加强学员之间的交流与合作，提高学员的参与度和满意度。

3. 建立奖惩机制。设立奖惩机制，对表现优秀的学员给予表彰和奖励，对表现不佳的学员进行约谈和指导，可以提高学员的参与度和学习效果。一是设定与学员的学习表现、课堂参与、作业完成情况等方面相关的奖励和惩罚标准。二是确定包括口头表扬、证书颁发、奖品赠送等奖励措施，从而激发学员积极性。三是明确包括约谈、警告、考核扣分等惩罚措施，以引导学员改正错误，提高学习效果。四是奖励和惩罚措施的执行过程应秉承透明公开的原则。五是动态调整和优化奖惩机制。实施过程中，应根据学员的反馈和实际情况对奖惩机制进行及时调整和优化，以确保其有效性和适用性。

（三）精准配置，提升培训资源利用率

1. 提升师资质量。通过课程评价、技能竞赛、优化激励机制等手

段，进一步发挥师资在培训中的作用，引导学员发挥自身优势，促进师生资源共享，使教师从教育者的角度加强对学员的教育和管理。

2. 优化培训时间。充分考虑段工作特点，灵活调整培训时间，避开暑、专运等特殊时期，合理利用在线培训增加培训灵活性，并提前沟通确保时间合理。

3. 提升学员资源利用能力。提供多样化学习资源，通过打卡、答题、竞赛等方式培养学员自主学习能力，并结合段大型施工、重点任务等鼓励学员实战实践，充分提高资源利用效率，确保培训效果。

通过强化信念、完善制度、精细管理以及精准配置等举措，可有效提升学员参与度与学习兴趣，增强培训效果，并充分利用培训资源，提升企业竞争力与市场占有率。由此，应加强培训期间学员管理的研究实践，不断提高培训质量，才能为铁路事业发展提供有力人才保障。

抓严抓实铁路培训机构学员管理提高干部培训质量的实践与探索

石家庄铁路专业技术服务中心　卢京龙　安冰洁

在铁路行业快速发展的背景下，高素质干部队伍的建设成为推动行业发展的重要引擎。铁路培训机构作为培养和提升干部能力的关键平台，其学员管理的有效性直接影响到培训质量和效果。

管理和专业技术人员是铁路站段各项工作的主要推动者和落实者，也是干部培训学员最主要的培训对象。干部培训具有学习周期短（一般1～2周时间）、学员派出单位相对集中等特点。培训工作对于国铁企业在实现经营目标、提升安全质效等方面发挥了重要作用，但部分培训仍存在培训质量低下、培训效果不理想等问题，甚至出现了“培训没有用”的论调。管理和专业技术人员素质的好坏、能力的高低，直接关系铁路的高质量发展。本文通过探讨了当前铁路干部培训中学员管理存在的问题，提出了干部培训应专注四个能力提升，系统化助力学员管理质效的改进措施，以期提高干部培训质量，培养素质过硬、能力突出的优秀学员，助力国铁企业率先实现现代化。

一、干部培训过程中在四个能力方面存在的问题

（一）学员管理工作思想破冰存在困难

在干部培训过程中，沟通障碍和思想破冰难的问题会影响培训的

整体效果。学员对新的知识、观点和方法持有保守的态度，不愿意接受新事物。在讨论或团队活动中，学员可能固守己见，不愿意改变原有的思维方式或行为模式。学员在课堂上不愿意提问或发表意见，即使有疑问也不愿意主动向教师求助。由于培训时间较短，学员同班主任之间还不熟悉，这使得他们不愿意向授课老师或班主任反映自己的需求或遇到的问题，导致授课老师和班主任难以及时了解学员的状态。同时，学员之间缺乏有效的沟通，不愿意分享自己的想法，也不愿意听取他人的意见，影响团队协作。

（二）学员角色转变不及时

在铁路干部培训中，参培学员往往来自于不同的工作岗位、不同的管理层级，有支部书记、车间主任、业务指导等不同的身份，他们需要在短时间内从日常工作的角色转变为学习者角色。这一角色转变不及时或不彻底，会直接影响培训效果，表现为学员学习积极性不高、知识吸收缓慢、培训参与程度低等问题。角色转变障碍源于多个方面，包括但不限于心理准备不足、工作与学习界限模糊、缺乏有效的引导和支持机制等，还表现在学员不能适应新形势下全封闭管理的培训，总是试图寻找各种各样的借口，离开培训机构或者外出，给培训管理增加了不小的难度。

（三）参培学员素质参差不齐

在铁路行业或其他领域的干部培训项目中，学员选派标准不统一是一个普遍存在的问题，它直接关系到培训资源的合理分配、培训效果的最优化以及组织目标的实现。缺乏统一且明确的选派标准可能导致培训对象与培训目标不匹配，培训效率低下，甚至造成人才发展机会的不公平。参培学员大致分两种。一种是有所负。这种人在本岗位或本领域做出过突出贡献，专业本领突出，这种人思想包袱沉重，沉不下心学习、学习效果不明显。另一种是有所求。特别想通过培训来证明自己，或者证明给站段领导、家人看，这样人不能保持平和心态来对待学习，在学习培训过程中为人处世往往失之偏颇。

（四）班主任队伍素质有待进一步加强

在教育培训机构中，班主任的管理方式的单一，班主任队伍素质提升受限。班主任队伍素质的不足是制约培训质量提升的两大关键因素。单一的管理方式可能导致班主任能力提升缺乏灵活性与个性化，难以充分调动学员的积极性与创造性；而班主任队伍素质的参差不齐，则直接影响到班级管理的效率与质量，以及学员的学习体验和成长效果。

二、产生问题的原因

（一）学员管理工作思想破冰存在困难的原因

首先，学员可能因为对教师或班主任的敬畏而不愿意主动沟通。部分学员可能因为自身能力或经验不足而感到自卑，自卑感使得学员不敢在众人面前表达自己的观点。学员可能担心自己的想法会被否定或轻视，因此不愿分享。

其次，学员间存在文化与经验差异，所处岗位层级的差异。不同岗位、不同层级的学员可能存在文化背景和工作经验上的差异，导致沟通时难以找到共同语言。来自同一个站段，但是来自不同部门的学员相互之间并不熟悉，需要一定的时间相互认识，难以适应新的团队环境。

最后，部分学员的沟通技巧、习惯与表达能力不足。部分学员可能缺乏有效的表达技巧，不知道如何清晰地传达自己的想法，或可能没有养成良好的倾听习惯，不愿意耐心听取他人的意见。

（二）多因素叠加导致学员未能及时完成身份转换

1. 心理预期与现实差异。学员可能对培训抱有过高或过低的期望，未能正确调整心态，快速适应学习状态。同时，班级建设方面缺乏有效的引导。培训初期缺乏对学员角色转换的明确指导和心理建设，使学员在角色认知上存在困惑。

2. 工作惯性。参培学员长期在一线工作，每个人的岗位不一样，长期的工作习惯和思维方式难以迅速切换。加之每个人对待培训的态度不同，当课程的内容超出他的预期，尤其是对于需要高度专注和深度思考的学习内容，学员接受起来存在一定困难。

3. 信息超载。密集的培训课程可能导致信息接收过载，尤其是当下培训班课程安排越来越紧锣密鼓，大量的知识灌输引起学员的不适。特别是当课程内容与日常工作关联度不高时，学员更难投入。

（三）学员选派标准不统一

送培单位在根据电报选派送培人员的时候，优先考虑到本单位的生产需要，在选派人员的时候可能与电报目标不匹配。

1. 培训目标不清晰。培训项目目标与组织战略脱节，导致选派标准模糊。送培单位根据模糊目标，无法准确衡量学员的适应性和需求，导致送培学员学习积极性不高，班级参与程度低。为此笔者对送培学员学习积极性进行了问卷调查（分值越高表示该因素对学习积极性的影响越大），调查结果见下表。

学员积极性调查表

影响因素	分值（满分为 10 分）
心理准备不足	7
工作与学习界限模糊	6
缺乏有效的引导和支持机制	8
全封闭管理不适应	5

2. 各专业部门与站段协调不足。各站段在选派学员时各自为政，缺乏统一的协调机制，导致标准不一，同时存在信息不对称、评价体

系缺失等问题，缺乏一套科学、公正的学员评估体系，难以准确评估候选人的能力和潜力。此外，选派决策者可能对潜在学员的能力、业绩和培训需求了解不足，影响选派决策的准确性。

（四）班主任队伍素质亟待提高

学员管理的第一责任人是班主任，班主任管理知识和管理技能的不足很大程度上制约了学员管理的质量。对班主任的培训与激励机制不足，对班主任的在职培训和职业发展支持不够，缺乏有效的激励措施，影响其工作热情和专业成长。

1. 班主任管理方式单一。传统的管理方式侧重于规章制度的执行，忽视了个体差异和情感需求，限制了管理的创新，不能充分调动发挥的学员主动性。

2. 班主任专业能力与素养不均。部分班主任可能缺乏必要的教育心理学知识、班级管理技巧以及现代化教学工具的运用能力，影响了班级氛围的营造和学习动力的激发。

三、专注四个能力提升，助力学员管理质效提升

（一）围绕一个目标，扎实推进学员管理工作思想破冰

在新时代背景下，面对快速变化的社会经济环境和日益增长的行业需求，教育培训工作面临着前所未有的挑战与机遇。其中，学员管理作为教育培训的核心环节，其质量和效率直接影响到培训成果的转化与人才发展。因此，围绕“提升培训效能”这一核心目标，扎实推进学员管理工作思想破冰，成为当前教育培训改革的关键所在。“以学员为中心、以理论武装为核心、以教学科研为重心”，培训机构切实开展思想破冰，激发担当作为，明确了在深化学员党性锻炼、加强学员自我管理、提升学员管理质效等三个方面展现新作为的学员管理改革思路，推动学员管理由“管严管住”向“管好管活”跃升。

1. 管理思想破冰：树立新理念，打破旧模式。从传统管理向服务型管理转变，视学员为中心，注重个性化需求与全面发展，而非简单的纪律约束。倡导自主学习，鼓励学员自我驱动，培养批判性思维和解决问题的能力，减少依赖性，提升学习的主动性和创新性。打破实体课堂的局限，充分利用现代信息技术，实现混合式学习，拓宽学习空间与时间。

2. 文化营造：营造开放包容的学习氛围。创建安全的学习环境，允许学员犯错，从错误中学习，激发创新思维和勇于尝试的精神。强化团队合作与交流，通过团队项目、研讨会等方式，促进学员间的交流合作，培养团队精神和社交能力。树立终身学习观念，将学员管理工作视为引导学员建立终身学习观念的过程，鼓励持续学习，适应时代变化。

推进学员管理工作思想破冰，实质上是对传统管理模式的一次深刻变革，旨在通过理念创新和文化营造，全面提升教育培训的效能和质量。这不仅是对学员个体成长的负责，更是对行业乃至社会持续发展的人才支撑。只有不断探索与实践，才能真正实现教育培训的目标，培养出符合时代要求的高素质人才。

（二）建强两个班子，强化责任担当

1. 配强班主任队伍。强化班主任队伍能力建设，通过专业培训、交流研讨等手段，提升班主任的教育理念、管理技能和心理辅导能力，打造高素质的班主任团队。

每个班配备 2～3 名班主任，实行全程跟班。班主任与学员“同学、同吃、同住、同活动”，做到“三个知道、一个跟上”（知道学员在哪里、在干什么、对党校工作有什么意见；及时跟上做好思想工作）。

2. 建强学员班委。精心遴选综合部门工作经验丰富、年龄适中的学员担任班干部，班干部主要从相对年轻的学员中选拔，组建起勇于

担当、善于组织、乐于奉献的班委，明确岗位职责，建立工作机制。班干部要甘当火车头、甘当领头羊、甘当勤务员，加强班级工作指导。

（三）抓住三个环节，建立激励机制

1. 明确目标，抓住关键环节。在推动学员管理创新的过程中，须紧紧抓住三个关键环节，确保激励机制的有效性。

（1）选派与评估。精准选派，确保每位学员都能在最适合自己的培训项目中获得最大收益。同时，建立全面、公正的评估体系，不仅评估学习成果，也要考量学习态度、团队协作等非知识技能的成长。

（2）个性化学习路径。根据学员的背景、能力及职业发展目标，设计个性化的学习路径，提供定制化课程与资源，激发学员的学习兴趣和动力。

（3）实践与成果转化。强化实践操作和学习成果的应用，通过实习、项目作业、案例分析等方式，让学员将所学知识转化为实际工作能力，增强培训的实效性。

2. 建立多元激励机制。围绕以上关键环节，构建一套综合、多维的激励机制，以激发学员潜能，提升培训效果。

（1）成就认可。通过设立“优秀学员奖”“最佳进步奖”等荣誉奖项，公开表彰学习成绩突出的学员，增强其成就感与归属感。还可设置职业发展激励，将培训表现与职业晋升、项目机会挂钩，表现优异的学员优先考虑晋升或参与重要项目，为学员提供看得见的职业发展路径。

（2）学习资源与机会激励。为表现出色的学员提供更多的学习资源和深造机会，如路内外交流、高级研修班名额等，鼓励其持续学习与自我提升。建立长期跟踪反馈机制，为每位学员提供个性化学习反馈和职业发展规划建议，增强其自我认知，明确改进方向。

3. 持续监测与优化。制定培训期间评估与长期效果评估监测，定

期评估激励机制的实施效果，包括学员满意度、学习成果、行为改变等方面，确保激励措施的有效性。根据评估结果动态，灵活调整培训政策、措施。根据监测结果和学员反馈，及时调整激励机制的具体措施，保持其针对性和时效性，适应学员需求的变化。

通过抓住选派与评估、个性化学习路径、实践与成果转化这三个关键环节，并建立相应的激励机制，可以有效提升学员的参与度、学习效率和培训成果转化率，促进学员多出、快出、出好成果，为组织培养更多高质量人才，推动教育培训事业的持续发展。

（四）拓展四个平台，营造清朗学习氛围

1. 结合全封闭管理实际，广泛开展各种学习和课外活动。

（1）数字化学习平台。建设智能化学习系统，丰富有趣的远程互动课堂。利用大数据、人工智能技术，搭建个性化学习推荐系统，根据学员的学习进度、兴趣和能力提供定制化学习资源。开发高质量的在线直播与录播课程，支持实时互动交流，打破地域限制，让更多学员享受优质教育资源。

（2）实践操作平台。打造实景模拟实训基地，推行项目制学习法。建立或合作共建模拟实训中心，如虚拟现实（VR）、增强现实（AR）训练场，让学员在接近真实的工作环境中学习和实践。推行项目驱动的学习模式，鼓励学员参与到实际项目中，通过解决实际问题来提升专业技能和团队协作能力。

（3）交流分享平台。学习社区建设，健全与强化培训师制度。创建线上线下的学习交流社区，如论坛、微信群、工作坊等，促进学员之间的知识分享、经验交流和思想碰撞。建立培训师指导平台，邀请行业专家、资深从业者担任学员的培训催化师，提供一对一或小组指导，增强学习的深度和广度。

（4）心理健康服务平台。健全心理健康教育，提供高质量心理咨询服务。开设心理健康教育课程和讲座，普及心理健康知识，帮助学

员建立正确的压力管理和情绪调节机制。设立心理咨询热线或在线咨询平台，为学员提供专业的心理健康咨询服务，营造关怀、理解和支持的学习环境。

2. 营造清朗学习氛围的策略。

（1）强化规则意识，鼓励正向互动。明确学习纪律，制定文明上网、尊重版权等行为规范，引导学员自觉维护良好的网络环境和学习秩序。推广正面激励机制，鼓励学员在交流中展现正能量，对优秀学习成果、积极贡献进行表彰，形成积极向上的学习风气。

（2）促进文化融合。在平台活动中融入企业文化、社会主义核心价值观等内容，增强学员的责任感、使命感和归属感，构建和谐共进的学习社区。

通过拓展和优化这四大平台，不仅能够提升学员的学习效率和实践能力，还能有效营造一个健康、活跃、积极的学习氛围，为人才培养和组织发展打下坚实的基础。

总之，提高培训评估的质效，利用好评估结果，促进学员的全面发展与健康成长，可以为组织和社会培养出更多具备创新能力、实践能力和良好心理素质的高素质人才。在教育与培训的不断演进中，不断突破传统边界，勇于创新管理思维，以更加开放和包容的态度，迎接每一次挑战，把握每一次机遇，共同书写干部培训事业新篇章，为推动社会进步与铁路产业升级贡献力量。

关于在线上培训班次中加强学员管理、进一步提高培训质量的思考与实践

南仓站　和晓雅

一、研究背景及核心目的

近年来，随着在线教育平台的兴起和技术的不断进步，线上培训市场持续扩大。然而，学员管理不善导致的培训质量参差不齐问题日益凸显，令线上培训发展陷入瓶颈。本文旨在通过深入分析线上培训中学员管理的现状与挑战，探索并实践一系列有效的学员管理策略，以达到提升线上培训质量、提升学习效果的目的。

二、现状分析

随着铁路事业的快速发展，对铁路干部职工的专业技能和素质要求不断提高，线上培训因其灵活性和便捷性，也逐渐成为铁路行业培训的重要形式。但鉴于铁路工作的特殊性——干部值班或是职工倒班，导致某些全员性的培训没有办法集中一次开展，只能通过脱产或者休班时间，所以引入线上培训对于铁路干部职工培训来说是必要的。

线上培训打破了传统教育培训在时间和空间上的限制，学员可以随时随地地参与学习、灵活自主地安排自己的培训时间和计划，满足站段对干部职工多样性的培训需求。这种模式下，教学管理变得更加灵活，但同时也存在着诸多难点，如学员自律性差、学习进度不一致、

学习过程无法把控、管理措施不到位等，导致线上教育在学员管理上是“放羊式”的，缺乏传统教育那样的直接监督和管理，这将直接影响学员的学习动力和学习效果。因此，如何加强线上培训班次中的学员管理，成为提升培训质量的关键。

三、研究方法与过程

本文针对线上培训班的学员管理现状进行了全面而深入的调研。采用了问卷调查和访谈的研究方法，以确保数据的全面性和准确性。

（一）问卷调查

为了更直接地了解学员对线上培训的管理和服务需求，南仓站针对铁路某站脱产轮训的 200 名线上培训班的学员，设计了一份详尽的问卷调查（回收有效问卷 182 份）。具体数据如下图所示。

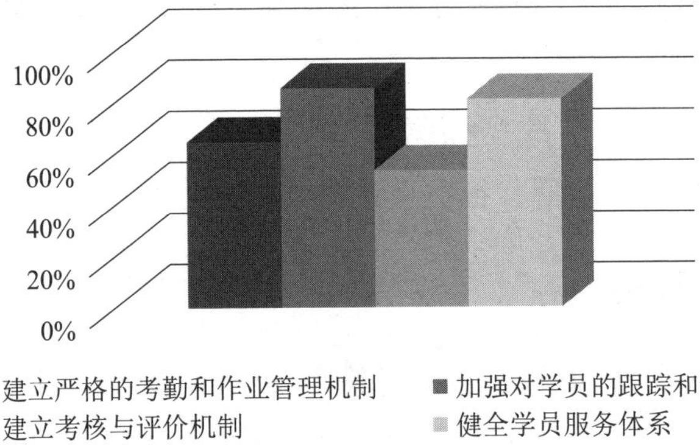

学员对线上培训的管理与服务需求

分析问卷数据发现，有 54% 的学员认为应该建立一套独属于线上培训的考核评价机制；有 65% 的学员建议建立严格的考勤和作业管理机制，确保学员能够按时参与培训，并完成相关的学习任务；有 82% 的学员认为应该健全学员服务体系，有助于更好地管理学员；有 86% 的学员认为可以通过加强对学员的跟踪和评估的方式，监督每名学员的培训进度，督促学员及时进行学习。

（二）深度访谈

为了获取教师和管理人员对学员管理的看法和建议，南仓站开展了10次深度访谈。访谈对象包括4名线上培训班的教师（某站专业主管工程师）和6名管理人员（某站职工培训科兼职班主任）。他们普遍认为，有效的学员管理是提高培训质量的关键。其中，有教师认为可以建立有效的互动机制，增强线上课程中老师与学员的互动，如线上讨论区、定期直播答疑等，以增强学员的学习动力和参与度；有管理人员认为，制定完善的学员信息管理制度将有助于更好地跟踪学员的学习进度和效果。

四、制定管理措施和实践

基于以上分析，本文提出了一系列针对性的管理措施和方法。首先，强化学员的入学引导，这样可以帮助他们更好地适应线上学习环境。其次，还可以完善学员信息管理制度，确保每位学员的学习情况都能得到精准跟踪和记录。最后，可以建立有效的互动机制，如增加线上讨论区的活跃度、定期举办直播答疑活动等，鼓励学员积极发表观点，分享学习心得，以增强他们的学习体验和师生间的互动与沟通。这些策略的实施将有助于提高线上培训班的学员管理水平，进而提升培训质量和学员满意度。

（一）建立完善的学员管理制度

为了高效管理线上培训学员，首要任务是构建一套完善的管理制度。这需要对学员的学习需求、人员管理、考核评估等方面逐一进行分析和规划，确保在整个学习过程中各方面都能得到充分的把控。

1. 在学习需求方面，需要深入了解他们的学习目标和期望，以便为他们提供精准的学习资源。

2. 在人员管理方面，应明确各级管理人员的职责和权限，确保教学工作的顺利进行。

3. 考核评估也是不可或缺的一环，它能及时反馈学员的学习效果，指导管理者优化教学内容和方式。

这套制度应涵盖完整的学员管理流程、管理人员的权限职责以及标准化、规范化的管理要求，确保线上教育培训能够有序、高效地运行。

（二）完善学员信息管理

包括建立学员档案、记录学员学习进度和成绩等信息，为教师和管理人员提供了更加全面、准确的学员信息。这不仅有助于教员深入了解每位学员的学习状态和能力，还能让他们根据学员的个体差异实施个性化教学策略，因材施教，从而提高教学质量和培训效果。对于学员而言，他们也能通过随时查看自己的学习情况和成绩，获得学习反馈，增强学习动力，进而提升学习效率。这种双向的信息透明化，将极大地促进线上培训的良性发展，并且有助于管理人员深入了解每位学员的学习状态和能力。以某铁路集团公司为例，该企业研发了自己的培训平台，该平台进入培训班管理页面可以查看出有多少学员未进行培训、考试等信息监控模块，可以随时掌握学员的培训进程，有助于管理人员及时了解学员学习动态，加强了对学员的管控。

（三）加强对学员的跟踪和评估

对学员的跟踪和评估是加强学员管理的重要环节，尤其是对于一些学习情况不太稳定的学员来说，定期的跟踪和评估尤为重要。可以通过班级助理、班主任等方式对学员的学习情况进行跟踪，及时了解学员的考试情况、课程反馈等信息。同时，对学员的学习成效进行评估，为学员提供学习反馈，激励学生更加积极地参与学习。

以某铁路集团公司研发的手机端培训 App 为例，站段管理人员在该 App 的后台中，可以统计出学员每日进行了多少分钟的学习，积了多少学分，是否进行考试练兵。这样可以随时跟踪学员的学习进度，必要时提醒没有进行学习的学员按时完成培训，进一步加强对学员培训的跟踪评估。

（四）加强学员的沟通和交流，建立有效的互动机制

相比于传统培训教育，线上培训缺乏面对面的交流和互动，容易导致学员产生孤独感和学习动力下降。可以通过建立多种形式的互动机制，在使用的网络教育平台上增设在线讨论区、在线学习群、班级论坛、实时问答、小组协作等模块，为学员提供多样化的交流渠道，激发学员的学习兴趣和参与度，促进老师与学员之间的知识共享和经验交流。同时，也可以利用网络直播等工具进行在线直播授课，加强与学员的沟通和交流，促进学习氛围的形成，让学员感受到教师和教学的温度，从而提高学员的学习热情和效果，教师也可以通过直播及时了解学员的学习情况和问题，进行针对性的指导和帮助。

通过实施上述四种措施，某站的几项培训取得了显著的效果。学员的自觉性和学习兴趣得到了明显提升，学习氛围更加积极，线上培训的整体质量也得到了显著提高。

五、总结与展望

通过对线上培训现状的深入分析，可得出学员管理在提升培训质量方面起着至关重要的作用的结论。有效的学员管理不仅能够提高学员的参与度，促进他们的学习动力，还有助于构建良好的学习氛围，进一步提升培训效果。

线上培训在今后的发展中，会有更大的创新方向，比如手机端培训 App，一是可以通过人工智能和大数据分析，实现个性化学习推荐，使干部职工可以学习自己更加感兴趣的内容，提高学习效率；二是可以加强在线协作与互动功能，促进老师与学员之间的交流与探讨，增强学习氛围；三是可以建立一套独属于线上培训的考核评价机制，对学员的学习成果进行检验，以此体现学员培训的效果；四是可以将一些新兴技术引入到线上培训中，通过抓拍、人脸识别等方式，更好地盯控学员学习的时间、学习过程等，提高学员学习的自觉性，从而提高培训质量。

构建以学分制评价为主体的干部培训考核激励体系的探究与思考

石家庄电务段　罗建朝　方　健

近年来，石家庄电务段就不断激发干部学习内驱力、持续提升培训实效性、构建以学分制评价为主体的干部培训考核激励体系方面进行了一些尝试和研究，在方法、措施和途径上进行了探索性的思考与实践，有力强化了干部队伍建设的整体工作。

一、存在问题及原因分析

现结合工作实际并且经调研分析，发现石家庄电务段在干部教育培训考核激励机制建设方面主要有以下问题。

（一）部分干部的主动学习意识不强，学习的内在驱动力不足

部分干部面对培训学习只是停留在“要我学”的层面，并未提升至“我要学”的高度。其主要表现为少数干部故步自封，缺乏对于新事物、新知识的求知欲，且对于新知识、新技术、新设备、新体制下带来的变化及风险认识不足，在实际工作中对一些突发情况的处理和应急能力偏弱；部分干部在学习上完全“被动式”，对于所学知识的深度、高度缺乏更加深刻全面的认识，不能做到融会贯通，在知识技能的积累上厚度不够、不巩固、不持久，无法充分发挥教育培训指导岗位上的实践作用。

（二）干部培训考核评价机制对于培训学习的实效性评估不够细化，缺少差异性

干培考核通常只停留在静态的“模拟量”上，如完成了学时、考试合格等，没有进一步将动态的“数字量”进行细化、量化评价，对于干部个体学习的水平、深度、效果评价不够具体，在“学有所感”“学有所悟”“学有所得”“学有所成”上的跟踪考量不够。

（三）干部培训考核评价机制与干部岗位履职实效的结合不够紧密，“学与用”存在脱节

培训考核通常仅就培训本身进行考核，没有将教育培训效果考核延伸至实际工作中，也没有与重点工作完成及干部的实际履职能力提升进行紧密挂钩或建立联系。如有的干部在履职过程中发生重大问题，而前期相关培训考核中的结果却不受影响，甚至仍然为优秀。在持续的结果运用中，并未及时对培训学习的过程与考试考核工作进行有效倒查。

二、主要做法与实施措施

针对所存在的问题与不足，石家庄电务段深挖问题背后深层原因、进行综合剖析与研判，探索实施了以学分制评价为主体的干部培训考核激励机制，制作了学分制评价简明图表（见文末），并不断完善抓细抓实。

（一）对干部教育培训任务与目标进行学分制评价

一是将干部的培训学习与工作效果更加集中地体现在学分上，使干部培训的工作目标更加明晰化。二是使干培工作质量的评价尺度更加精细、精准和统一，使干培的考核与管理工作更加聚焦。三是通过学分的评价与划分，使考核工作不只局限在完成学时与考试合

格的浅表层面，而是将干培考核管理工作向培训学习的质量与实效方面深层推进。

（二）将学分进一步分类细化，使干部培训考核与管理工作更具专业性与针对性

经研究分析，根据干部教育培训的不同内容与任务，学分主要可分为封存学分、岗位准入学分、基础学分、创优学分四大类。其中，封存学分（主要指转为管理与专业技术岗时的学历折算学分）只作参考；岗位准入学分作为底线否决性的条件，要求必须达标；基础学分主要作为日常管理及负向考核的对象；创优学分主要作为正向激励的内容。此外，基础学分与创优学分又可进一步细分为岗位履职、安全、技术、党建、综合（包括劳人、职教、办公、材料、财务、综治及其他等）学分，由各科室（部门）按照“谁主管，谁负责”的原则制定年（月）度各级各类学分目标、细化要求、评价标准及奖励标准，由劳动人事科进行综合审定。

创优学分主要指在完成基础学分要求的基础上，额外完成的学业、学时及优异成绩等。如包括岗位履职必备知识日常练习规定之外完成的任务，视频课程观看规定学时以上的任务，围绕中心工作开展的各种专项答题、知识竞赛活动、集团公司抽考、各级技术比武、科技创新、合理化建议、经验交流、传帮带活动及在职学历教育提升等。此外，各级各类培训班中的表现突出、成绩优异者或达到一定要求者亦可按比例给予创优得分，其主要目的就在于激励干部不断突破自我、不断争优创先、不断提升素质。

（三）科学卡控学分换算与设置

将干部教育培训的细化项目与任务科学合理地换算设置为相应学分，使干部培训考核的激励目标更加趋于量化、更易落实考核。各级各类学分的换算与设置主要根据重要程度、学时长短、与岗位关联度、

对中心工作的促进作用、产生的实际效果、持久性及影响力等因素，在同一尺度下经过科学合理的综合分析后进而确定标准。对于其中各级各类培训班学分的设置，还充分考虑了培训过程、培训纪律、考试考核成绩等综合因素。

（四）分类分级系统化构建学分目标体系、学分评价考核标准体系

按照学分的类别、层级、周期等因素，分别对应制定学分目标及考核评价标准，建立完善的干部培训学分考核评价标准体系，对标对表抓好日常动态考核与结果运用。其中，对于岗位准入学分在规定时间内未取得的，不得上岗，并及时进行岗位调整；对于基础学分在规定时间或周期内未取得或不达标的，按照标准对应考核扣罚；对于取得创优学分的，进行相应奖励。对于年度内的综合学分进行排序、按一定比例奖优罚劣，并在一定范围内通报、形成“比学赶帮超”的态势和氛围；同时加强结果运用，将学分评价作为干部年度考核、选拔任用、推优评先等工作的参考条件或必要条件。

（五）建立健全干部教育培训学分档案与学分累计汇总台账

学分档案和汇总台账可按照不同细化类别、不同周期、不同维度进行纵向排序汇总或横向对比分析。从对于学分考核的评价结果中，可折射透视出干部个体的基本素养、综合能力及履职实绩等因素，进而以“素描画像”作为对干部综合素质评价分析的重要内容与参考。

三、下一步的努力方向与改进措施

（一）进一步调查梳理干部教育培训项目项点，完善细化学分考核评价标准体系

在实际应用中，应重点对学分换算、学分设置、学分考核、学分

累进及汇总分析等环节与实际工作的对应性关系进行深入研究，针对性制定干部培训考核激励措施，充分发挥学分评价机制的管理优势。

（二）着力提升信息化应用水平，加强关于学分制考核的大数据运用

研发专门软件系统，将干部学分考核档案与汇总台账纳入系统管理。强化基础数据分析利用、整合基础数据资源，提高信息化手段开展工作的能力和水平。运用大数据技术将不同年度、不同领域、不同层级的干部教育培训数据进行整合汇总，使数据的时间维度与空间维度等得到进一步延伸，使数据分析更具代表性、科学性、准确性，从而真正为相关管理工作的决策与推进提供可靠参考。

（三）不断整合利用好现有教育培训资源，为学分制评价工作提供更多支撑

一是切实做好干部教育培训平台建设，将更多的学习培训项目和职业提升项目纳入创优学分序列，向广大干部提供更多的学习提升机会与渠道。二是协调相关部门强化干部岗位履职的相关教材编审与题库建设，使其更加贴近实际、贴近岗位，使干部培训学习的内容更具实用性与现实意义，进而使学分换算更加切合实际。三是在培训组织与考务管理上不断加强规范，始终坚持“有培必有考，有考必从严”的原则，使严格培训与考务管理为科学合理的学分评价提供有力保障，进而彰显其公平公正的原则。

学分制评价简明图表（部分示例）

<table>
<tr><th>序号</th><th>学分类别</th><th>学分性质</th><th>细化类别</th><th>学分配值</th><th>学分权重</th><th>学分增减</th><th>学分增减原因</th><th>实得学分</th><th>备　注</th></tr>
<tr><td rowspan="3">1</td><td rowspan="3">封存学分</td><td rowspan="3">主要指转为管理与专业技术岗（以下简称聘干）时的学历折算学分。其中，聘干之后在职学历教育提升的情况计入当年创优学分，次年后按照提升后学历计入相应封存学分</td><td>专科学历分</td><td>5</td><td rowspan="3">只作参考</td><td></td><td></td><td>5</td><td rowspan="3">从封存学分分值可以看出干部个体学历层次，也可对封存学分进行综合计算，以分析干部整体学历层次及结构特征</td></tr>
<tr><td>本科学历分</td><td>10</td><td></td><td></td><td>10</td></tr>
<tr><td>本科以上学历分</td><td>15</td><td></td><td></td><td>15</td></tr>
<tr><td rowspan="2">2</td><td rowspan="2">岗位准入学分</td><td rowspan="2">作为底线否决性条件，要求必须达标</td><td>安全生产关键岗位准入学分</td><td>90</td><td>必须≥90</td><td></td><td></td><td>≥90</td><td rowspan="2">对于岗位准入学分在规定时间内未取得的，不得上岗，并及时进行岗位调整</td></tr>
<tr><td>其他干部岗位准入学分</td><td>80</td><td>必须≥80</td><td></td><td></td><td>≥80</td></tr>
<tr><td>3</td><td>基础学分</td><td>日常管理及负向考核的对象</td><td>岗位履职</td><td>50</td><td>50%</td><td>−2</td><td>5月份练习次数不达标，未取得规定学时</td><td>48</td><td>每月在干部岗位履职必备知识培训考试系统中至少进行4次上机练习，成绩均在90分以上（练习达标的干部每月系统自动登记网络教育2学时），且视频学习学时原则上每月不少于3学时、年度累计应不少于36学时，可获得此项基础学分满分；练习次数及视频学习不达标，每月核减此项基础学分2分</td></tr>
</table>

续上表

序号	学分类别	学分性质	细化类别	学分配值	学分权重	学分增减	学分增减原因	实得学分	备注
3	基础学分	日常管理及负向考核的对象	安全	10	10%	−2	7月份 段定全责故障	8	电气化、防洪、防暑、防寒、规章等安全专项考试合格可获得此项基础学分满分；发生安全相关问题如段定全责故障（直接管理责任）每次核减2分，集团公司级红牌直接责任人每张核减1分；指挥或参与违章作业每次核减2分
			技术	10	10%				各相关科室（部门）按照管理范围及权限，在设定相应专项培训考试目标、项目完成及达标后，可获得该项基础学分满分；按照关联度，发生相关问题后视情况核减相应基础分值，根据中心工作需要可进行动态修订
			党建	5	5%				
			劳人	5	5%				
			职教	5	5%				
			办公	3	3%				
			材料	3	3%				
			财务	3	3%				
			综治	3	3%				
			其他	3	3%				

续上表

序号	学分类别	学分性质	细化类别	学分配值	学分权重	学分增减	学分增减原因	实得学分	备注
4	创优学分	正向激励的内容	岗位履职	以每月岗位履职必备知识练习次数为准，月度内每多于基础学分标准次数一次，加 0.2 分；以视频学习学时为准，月度内每多于基础学分标准学时 1 个学时，加 0.2 分		1	8 月份视频学习 8 学时（多于基础学分标准学时 5 个学时）	1	各相关科室（部门）按照管理范围及权限，设定相应专项培训考试目标、项目达标标准，在此基础上取得优异成绩并按照关联度，视情况核定增加创优学分分值；根据中心工作需要可进行动态修订
			安全	在应急处置、专项演练及发现和解决重特大隐患等情况中表现突出，得到段级及以上通报表扬（以实际文电为准），每次加 1～2 分		1	3 月份处理××站××道岔无表示故障过程中表现突出（××月××日段通知通报表扬）	1	

续上表

序号	学分类别	学分性质	细化类别	学分配值	学分权重	学分增减	学分增减原因	实得学分	备注
4	创优学分	正向激励的内容	技术	获得段级及以上科技创新奖，每项加2~3分		3	××项目获得集团公司科技创新二等奖	3	各相关科室（部门）按照管理范围及权限，设定相应专项培训考试目标、项目达标标准，在此基础上取得优异成绩并按照关联度，视情况核定增加创优学分分值；根据中心工作需要可进行动态修订
			党建						
			劳人						
			职教	参加段及集团公司技术比武取得认可名次（以实际文电为准），每次加2~3分		2	获本年度段技术比武××组第一名	2	
			办公						
			材料						
			财务						
			综治						
			其他						

注：以上只是学分制评价工作中的部分内容，并非全部评价项目及标准，仅作参考，以帮助理解以学分制评价为主体的干部培训考核激励体系的构成及基本操作。

师资队伍建设

创新开展教研活动
切实加强师资队伍建设

石家庄铁路专业技术服务中心　李艳卿

教研活动是以促进学员全面发展和提升师资专业素质为目的，以教学培训实施过程中培训师资所面对的各种具体的教学培训问题为研究对象的实践性研究活动。创新开展形式多样的教研活动对提升师资业务素养、不断创新教学培训模式、切实提升干部培训效果有着十分重要的推动作用。石家庄铁路专业技术服务中心通过创新形式多样、内容丰富的各种教研实践活动，并建立相应制度和激励机制，使干部培训师资队伍建设不断迈上新台阶。

一、创新开展教研活动的意义

（一）创新开展教研活动，切实加强师资队伍建设，是新形势下迎接新挑战的需要

兴路必先兴师。师资队伍是立教之本、兴教之源，所以师资队伍建设是铁路干部培训高质量发展的核心。而通过创新开展形式多样的教研活动，促使干部培训师资的教研、科研能力与专业素养得到全方位提升，是解决好深化铁路企业改革新形势下“干部队伍素质不适应”问题的重要抓手，能够促进铁路为勇当服务和支撑中国式现代化“火车头”提供更强有力的人才保障和人才支撑。

（二）创新开展教研活动，切实加强师资队伍建设，是培养创新型人才的需要

如果培训师资没有一定的教研能力，也就谈不上能够培养出创新型人才了。通过创新开展教研活动，培训师资对教学培训手段与方式、授课方法与艺术、课件制作与教案编写等诸多方面深入探索、不断创新，从而将最新的、符合学员身心发展的教学培训理念和科研成果不断运用到课堂教学培训的实际中去，师资的创新理念和科研意识在课堂中潜移默化传递给学员，不断激发和深化学员的创新精神和创新意识，从而培养出优秀的铁路创新型人才。

（三）创新开展教研活动，切实加强师资队伍建设，是培训师资自我成长的需要

想通过培训师资的劳动给教师带来乐趣，让每日授课不至于变成一种单调乏味的义务，就应当引导每一位培训教师走上从事教学研究这条幸福的道路上来。创新开展教研活动便是为广大培训师资搭建的使其更具职业敏感性、教科研意识、团队合作精神和教学培训反思能力的平台，能够使培训师资由衷地体验到强烈的获得感与幸福感，并不断自我成长、自我超越和自我完善。

二、创新开展教研活动，师资队伍建设取得实效

科学恰当、丰富多样、与时俱进、富有创新性的教研活动是切实提升培训师资能力素质、切实加强师资队伍建设的根本保证。专服中心多措并举，持续创新开展多种教研活动，收效十分显著。

（一）支持师资开发新课，创新开展“说课与试讲”教研活动

在新课开发方面，专服中心鼓励和支持培训师资积极担任新形势下针对干部培训开设的各门新课。对于每一门新课，专服中心教研部

都会在任课师资参加集团公司人事部（党委组织部）试讲前创新性开展“说课与试讲”专题教研活动，其第一阶段是为申报新课的培训师资举办由全体师资参加的说课活动，任课师资在说课中要详细介绍自己的授课思路、授课方式及课程逻辑、时间分配与重难点等内容，说课通过后再投入备课之中；第二阶段是为申报新课的培训师资举办、由全体师资参加的具体试讲，任课师资将教研活动室模拟为学员培训的教室，将听课师资模拟为参培学员，按照自己申报新课的课时将所备课程全程详讲给所有师资；第三阶段是申报新课的培训师资在广泛听取听课师资意见后进行二次备课，对存在问题作出细致调整后将教学课件和教案报教研部，由教研部酌情安排二次试讲活动。“说课与试讲”教研活动的开展，使培训师资的新课开发能力与教学培训水平实现了质的飞跃，极大提升了新开发课程的质量和层次。

（二）着力加强青年师资培养，创新开展“以老带新”教研活动

专服中心大力推行“携手学习”机制，在培训师资中创新开展“以老带新”教研活动，通过“师带徒”新老结对子助力青年师资快速提升素质。教研部在对全部师资和培训需求深入分析的基础上，从具备高级技术职称的师资中精选教学经验丰富、教学成果丰硕的资深“老”师资当师父，在 40 岁以下的中青年师资中选定热爱教学培训工作、有教学培训潜质的青年“新”师资作为培养对象当徒弟，结合自主报名情况，研究确定“以老带新”的具体人选和培养方案。在每次为期三个月的“以老带新”教研活动期间，师父从教学培训课程设计、教学手段、培训方式、课件制作、教案编写、案例选择和课堂管理等方面全方位对徒弟进行具体指导和培养。“以老带新”期满后结束后，青年师资须向教研部提交不少于 3000 字的“以老带新”心得总结、编制一份不少于 2 个课时的学科教案，并参加教研部的“以老带新”专题公开课观摩教研活动，由专服中心领导与全体师资参加活动听课观摩。教研部组织资深师资担任“以老带新”公开课教研活动的评委，

对青年师资的教案、课件和授课情况进行逐一点评并打分排名。“以老带新”教研活动的开展，创新了专服中心青年师资培养和管理的新途径，使青年师资的教学能力与业务素质突飞猛进，作为师父的资深师资也纷纷感叹通过“以老带新”教研活动实现了师徒相长，通过与青年深入交流弥补了自身的短板。

（三）鼓励师资外出调研，创新开展“移动式”教研活动

当前铁路建设和铁路发展十分迅猛，闭门造车势必被时代淘汰。专服中心创新开展中心师资“调研到哪里，便将教研活动地点移动到哪里”的“移动式”教研实践活动，例如带领中心骨干师资前往武汉高铁训练段参观现代高铁实训设备，深入学习和感受结构化教学方法与技巧，并利用晚上时间在武汉高铁训练段组织师资与高铁训练段的驻段培训师深入开展高效热烈的互动教研活动；再如客运教研组带领客运师资走出去对“粤海轮渡”进行参观调研；又如货运教研组带领货运师资到河北省冀中南智慧物流园走访等。其间各位教师踊跃提问，与讲解人员一起进行了别开生面的现场教研活动，使培训师资专业知识与技能得到切实提升，教学培训有效性明显增强。

（四）组织优秀师资评选，创新开展“优质课评比”教研活动

专服中心出台了《培训师资分值式量化考核办法》和《培训师资优质课评比办法》。《培训师资分值式量化考核办法》对培训师资的授课情况、课件制作、教案编写、出卷判卷、现场调研、参加培训、撰写论文、编审教材、题库建设、担任职工技术比武教练或裁判、担当职业技能鉴定考评员和优秀成果获奖情况等项目所占分值进行了具体而翔实的规定。每年年底，教研部按照《培训师资分值式量化考核办法》对全体师资年度业绩进行分值式量化考核并进行排名，位居前10%的师资被评为专服年度优秀师资。教研部还根据《培训师资优质课评比办法》举办由年度优秀师资讲授的“优质课评比”教研活动。

由中心各科室推荐一名精通师资授课业务的人员组成优质课评委会，分别从授课技巧、教学手段、教姿教态、授课环节、教案编写与课件制作等各方面点评并进行评委打分，中心领导与其他教师全程听课并打出观众评分，最后由教研部汇总评委和观众评分后按照评比办法进行排名和奖励。可以说，“优质课评比”教研活动给全体师资呈上的是一场场豪华的精神盛宴，授课人员与听课人员纷纷反映收获颇多、受益匪浅。

（五）助力师资潜心科研，创新开展“学术论文发布”教研活动

围绕教学培训撰写学术论文、进行课题研究，对于不断探索教学培训规律、切实提高科研能力和促进干部培训创新发展有着十分重要的意义。教研部每年三月份下发关于深入开展教学培训论文与课题评比活动的通知，明确活动要求与主题；每年十月份进行论文与课题收集与评选，并创新开展“学术论文发布”专题教研活动。发布者通过精心制作的多媒体课件向培训师资针对所撰论文的立意构思、论点论据、理论支撑、实践依据、前景展望等方面进行详细交流与分享。“学术论文评比与发布”教研活动的开展，使专服中心师资更加深刻地认识到了潜心教科研的重要意义，使广大师资的教科研能力不断向纵深发展，科研氛围日渐浓厚，师资队伍建设不断开创新局面。

三、创新开展教研活动的几点启示

（一）创新开展教研活动要突出创新性

教研活动本身就是一项创造、创新性劳动。教研活动开展的成效如何很大程度上取决于其创新程度。因此，在教研活动中，一定要避免墨守成规的教研，不能拘泥于传统经验的束缚，而应在教研准备、教研形式、教研内容等方面大胆开拓、勇于创新，不断增强通过创新开展教研活动加快创新型师资队伍建设的强大效能。

（二）创新开展教研活动要突出专题性

“为了教研而教研”的主题空泛化的教研活动一定是失败的。教研活动必须以先进教学培训理念为引领，找准教学培训中的“突破口”，针对师资教学培训过程中实际存在的问题和学员的培训需求，经过细致“设计”转化为富有个性特色的专题教研活动主题去潜心开展，从而确保教研活动的有效性。

（三）创新开展教研活动要突出研究性

教研活动本身就含有研究、探讨和推广之义。不管是教研活动计划、教研活动形式还是教研活动的内容，都要突出一个“研”字。教研活动的着眼点必须放在研究干部教学培训理论与教学培训存在的实际问题相融合上；教研活动的切入点必须放在研究培训师资教学培训理念及方式和学员学习态度及学习方式的转变上；教研活动的生长点必须放在研究促进学员成长与发展和培训师资自身教学教研能力不断得到提升上。

（四）创新开展教研活动要突出问题性

教研活动的最终目的是切实提高教学培训质量和师资专业素养。因此，创新开展教研活动必须坚持问题导向，以“教什么、培什么，研什么”为原则，思教学培训之所思，急教学培训之所急，使教学和教研真正融为一体。要紧密结合当前铁路干部教学培训工作中遇到的重难点及热点问题，通过创新性教研活动进行靶向施治，最终实现“教研相长”的最佳效果。

四、结　语

创新开展形式多样、内容丰富的教研活动，使培训师资教学能力和干部教学培训效果得到显著提升，开创了专服中心师资队伍建设的新局面，也为打造一流干部培训师资队伍提供了重要支撑与有效途径。新征程赶考路上，我们肩负着勇当服务和支撑中国式现代化“火车头”的神圣历史使命，培训师资面对加快构建“六个现代化体系”新挑战的责任重大、任重道远。面对新形势下铁路干部培训工作的新要求，要更加深入地持续创新开展各种教研活动，不断加强干部培训师资队伍建设，为切实推动铁路高质量发展和首善之局建设作出更大贡献。

对标新时代干部教育培训要求
打造党校“名师”队伍

北京局集团公司党校　杜琳琳

习近平总书记指出：“在党校的所有财富中，教师和其他各类人才是最宝贵的财富；在党校所有资源中，优秀教师和优秀人才是最急需的资源。”“党校要办好，必须有一大批名师。”对于国有企业党校而言，深入实施名师工程，着力培养选拔一批政治强、业务精、作风好的党校名师，是坚守党校初心、贯彻落实习近平总书记提出“四个必须”的必然要求；是提高企业干部教育培训质量的必然要求；是打造企业高质量发展核心竞争力的必然要求。

为此，北京局集团公司党校以习近平总书记关于党校工作的重要论述和打造党校名师的重要指示精神为遵循，对标《干部教育培训工作条例》和《全国干部教育培训规划（2023—2027 年）》（以下简称《规划》）具体要求，提出建设“五个校园”、打造首善党校目标，特别是在深化“学术校园”建设中明确了相关要求和具体措施，为打造一批铁路党校名师、全面推动干部教育培训质量提升指明了方向和路径。

一、党校师资队伍现状

教师规模和质量是衡量党校师资力量重要指标，一支具备一定规模数量且高水平的党校教师队伍是打造“名师”队伍的主要来源和重要保障。

目前，北京局党校共有教职工 62 人，具备教师专业职称的有 13 人，约占全校教职工的 20%。其中，从事教学科研工作的专职教师有 8 人，约占全校教职工的 12. 9%。

在学历结构上，北京局党校专职教师均具有研究生学历（含在职研究生）。具有博士学位的教师人数为 0。

在岗位分布上，北京局党校有专职管理岗 2 人（校委）；专职教师 8 人（含中层管理岗 2 人）；科研管理岗 3 人。

在技术职称上，在具备教师专业职称的 13 名教职工中，正高级 0 人；副高职称 6 人，约占 46%；中级职称 6 人，约占 46%；初级职称 1 人，约占 8%。正高级职称未有申请先例，还处在探索过程中。

在学科方向上，在具备教师专业职称的 13 名教职工中有马克思主义理论 3 人，党史 1 人，哲学 2 人，中国语言文学 2 人，管理学 3 人，心理学 1 人，法学 1 人。

二、打造“名师”队伍面临的问题与困难

（一）专职教师基础数量不够充足

专职教师规模是衡量党校师资力量一项重要指标，是党校“名师”队伍建设的重要基础和主要来源。据统计，目前全路 18 个路局党校中，专职教师占教职工比重最高为 43. 5%，最低为 9. 1%，北京局党校的专职教师数量处于尾部梯队。与其他兄弟局党校相比，北京局党校的专职教师比重仅比 3 家党校高 1～3 个百分点，总体处于较低水平。

专职教师队伍建设是党校师资队伍建设的基础，是名师培养的摇篮。党校教学、科研以及咨政三大职能的完成需要一定规模的师资队伍支撑，若规模不足，难以完成主课主业，客观上可能造成党校职能弱化，影响党校事业发展。专职教师规模不足，还会严重影响师资队伍整体的良性发展和梯队建设。

（二）专职教师结构质量不够平衡

学历结构是师资队伍素质能力建设的要素之一，是党校教学培训水平的具体体现。近年来，地方党校专职教师引进标准大都确定为博士研究生，而我校专职教师则基本为硕士研究生，博士引进方面还未有突破，从专业学历上看，“名师”打造的顶层冲劲还不足。

此外，教师人才来源单一，大多“校门对校门”，虽具备一定理论素养，但对铁路知识了解不多、对基层工作感触不深，理论结合实践能力还有待提升，“亲和力”“影响力”不足。

（三）名师培养长效机制不够全面

由于企业党校的特殊性质，很多教师需要兼顾跨学科教学需求，单一学科背景并不能满足造就企业党校名师的基本条件。当前，企业党校名师培养长效机制还在完善过程中，多层次、多形式的培训机会正在加大对专职教师倾斜。但是，教师参加系统化的深度培养培训还不多，高水平学术交流活动的机会也还比较有限，视野拓宽、知识更新效率还不够高。此外，教师的实践锻炼还不够深入，需要通过挂职锻炼、调研考察等机制方式，真正把教学科研课题做深做实。

（四）名师使用激励机制有待完善

在当前企业党校专职教师队伍保持率相对较低、教师系列职称评聘标准又相对较高的普遍现状下，大部分教师面临的授课量越来越大、课程开发频率越来越密集、科研成果等级越来越高。在此基础上，一部分骨干教师在承担管理职能和学科带头人工作后，大量事务性工作加身，使通往名师的道路面临较大压力，甚至有人表现出对名师的评选热情度不高的情况。造成这种局面的主要因素之一还是对于教师特别是名师的有效激励不够，在优化教师奖惩制度标准、表彰优秀教学科研成果力度、推进骨干教师参加高水平对外交流活动等方面还需要进一步完善提升。

此外，联动晋升机制尚未建立。由于专业技术职称的壁垒，在内部晋级通道有限的情况下，党校优秀教师的流动性也十分有限，成长晋级通道与职场晋升通道都存在一定程度的阻碍，这也是名师打造的内驱力不足、影响名师队伍持续壮大的重要原因。

三、打造“名师”队伍的方法与路径

（一）对标“加大名师培养引进力度”，源头打造突出“优”

1.《规划》要求

《规划》指出，加大名师培养引进力度，把干部教育培训师资纳入各级人才政策支持范畴，努力造就一批对党忠诚、精通党的创新理论、授课水平高、在学科领域有影响力的知名教师。

2. 推进方法与路径

对标《规划》要求，在“学术校园”中明确提出，注重教研人才培养，完善企业党校教师队伍建设管理制度，注重建立专职教师培养机制，加大高等院校专业人才引进力度，扩大优秀教师来源。

（1）扩大高校人才引进数量。根据学科建设和干部教育培训需求，聚焦马克思主义理论、党史党建、思想政治教育等主专业，从高校批量引进优秀的硕士研究生，适当引进博士研究生，逐步扩大优化人才“蓄水池”。

（2）加强内部人员选聘力度。从党校事业发展大局出发，加大从集团公司内部公开招聘教师力度，引进适应新时代干部教育培训专职教师岗位特点、工作经验丰富、综合素质高、发展潜能大的基层专业人才，强化铁路党校“名师”的行业特征。

（二）对标“完善名师培养锻炼规划”，过程打造突出“实”

1.《规划》要求

《规划》指出，完善专职教师知识更新和实践锻炼制度，加强师资队伍党性教育和业务培训。

2. 推进方法与路径

对标《规划》要求，在“学术校园”中明确提出，完善师资培训制度，结合教师特长，用好党校资源，促进互帮互促，并积极创造条件组织教师深入高校和科研院所培训进修以及参与学术会议和高端学术活动，提升素质、拓宽视野。

（1）多平台学习。聚焦政治、理论、执教能力等主要方面的能力素质提升，结合教师个体实际情况，采取“线上+线下”“系统内+系统外”等多种培养方式方法。通过学习和交流，进一步促进教师对于党的最新理论成果的领会与课程转化，使名师培养更加具象化、科学化、精准化。

（2）多岗位锻炼。建立教师参加挂职锻炼和定向培养制度，对教师全员进行挂职锻炼意向摸底，综合个人成长规划和岗位表现情况，让教师进行多岗位锻炼。近两年来，北京局党校依托集团公司“十个一批”人才培养平台，选派优秀中青年教师员到集团公司相关部室挂职锻炼 3 人，到基层站段挂职锻炼 1 人，到北京市委党校挂职锻炼 1 人。全方位推动骨干教师多角度磨炼、多平台锻炼、多岗位历练，可以促进教师经验和能力快速成长，理论和业务快速融合。

（3）多方位提升。充分挖掘现有师资的潜能，以精品课和重大科研项目为依托，重点培养一批科研能力强、学术水平较高、教学业绩突出的骨干教师。每学期组织开展 1～2 次全体教师参加的教学大练兵活动，组织新课试讲、精品课打磨、青年教师讲堂等专项教学活动，营造“比学赶帮超”氛围。开展专题学术研讨会，及时跟进最新理论成果，包括选派优秀教师参加各北京市委党校青年学者基本文献研读会等，夯实学术根基，增强眼界见识，为打造精品课、精品师资奠定基础。

（三）对标“健全名师培养选拔制度”，目标打造突出“精”

1.《规划》要求

《规划》指出，评聘干部教育名师，推广“名师带徒”等方式，利用“名师工作室”等平台，加强中青年骨干教师培养。大力推进领导干部上讲台。

2. 推进方法与路径

对标《规划》要求，在“学术校园”中明确提出，建立学科带头人培养机制，推动教研人员提高技术职称，推进“名师工程”，建立“名师工作室”，推进重点课程精研深讲，深化“送教上门”，扩大讲师团队伍，促进人才梯队建设。

（1）学科带头先行。学科建设是加强党校教学科研工作、提升师资水平、提高教学质量的基本建设。为此，北京局党校结合工作实际，制定《北京局集团有限公司党校学科建设管理办法》，优先建设 4 个重点学科、1 个特色学科。重点学科有习近平新时代中国特色社会主义思想、马克思主义基本理论、党史、党建。特色学科为铁路发展史。在此基础上，可选拔能力突出业务精且已有一定影响力的教师负责本学科建设基本工作，发挥团队协同攻关优势，在选题指导、内容把控、方法传授等方面实现对年轻教师的“一对一”帮扶。

（2）名师方案定向。在名师培养打造具体目标要求方面，精细对标《中国共产党党校（行政学院）工作条例》等党内法规和《国铁集团党校系统名师工程实施方案》等，研究制定《北京局集团公司党校名师工程实施方案》，进一步明确名师培养目标，细化培养模式，规范管理办法，为骨干教师成长提供空间，创造有利条件。

（3）业绩贡献定标。名师应具有比较突出的教学能力和科研咨询能力，在课程评比或科研项目中有过突出业绩。要以能力和业绩为导向，注重选拔师德高尚、富有理想、充满激情、勇于创新的高水平人才。要树立以学员为中心的教学理念，对课堂和课程充满敬畏心，同时对于新职教师的“传帮带”富有责任感。

同时，还要进一步完善以竞争择优为核心的人才选拔使用机制，以能力绩效为导向的人才考核评价机制，以务实有效为要求的人才培养培训机制，以业绩贡献为尺度的人才激励约束机制，全面提升师资队伍素质和名师培养质量。

关于师资队伍建设的方法与途径

天津供电段　张　强　李文颖

管理和专业技术人员是铁路企业各项工作的主要推动者和落实者，运输站段高质量发展对干部职工队伍的业务素质及能力水平提出了更高要求，培训作为提升干部职工素质最直接、最快速、最有效的手段之一，也就显得愈加重要。因此，培训师资队伍建设的重要性不言而喻。就一线站段自主培训来讲，只有着力打造一支高素质师资队伍，稳步提高培训教学质量，持续提升管理和专业技术人员综合能力，才能更好地为铁路运输安全生产、经营管理、队伍稳定保驾护航。

一、师资队伍建设情况

近两年来，天津供电段在师资队伍的建设与选育上持续发力，陆续将技艺精湛和理论深厚的高级工程师、工程师、高级技师以及具备一技之长的技术能手、京铁工匠等高技能人才组建成为师资队伍，形成良性优质资源的共享模式，为干部职工培训工作的顺利开展提供了组织保障。

1. 强化组织领导，形成各部门齐抓共管新局面。为适应站段高质量发展，努力构建一支“专业过硬、素质优良、规模适当、结构合理”的师资队伍，是满足干部职工“提素”的保障和需要。段党政领导高度重视师资队伍建设，从机构设置、制度建设到各项工作的开展都给予了大力支持，特别是在干部职工实训基地硬件建设上加大了资金投入，形成了由职教、人事部门牵头，各专业科室齐抓共管的师资队伍建设局面，为干部职工培训工作的顺利开展提供了组织保障。

2. 注重统筹谋划，拓宽各专业培训调研新思路。每年年初，人事部门结合干部年度考核工作，将全段管理和专业技术人员的素质能力与安全形势、生产任务进行综合分析，找出共性短板，分类整理汇总；分专业组织召开座谈会，从专业建设角度听取干部职工对培训需求的意见和建议；深入生产一线进行专题调研，就培训重点、培训内容、培训方式、课程设置等需求进行专题调研，了解基层干部职工最渴望最迫切的知识需求，以便于从师资库中匹配最佳授课教师，为全年培训规划的科学编制提供指南。

3. 突出交流互动，促进师资队伍综合能力新提升。建立以“津供讲堂”为主体的师资学习制度，每周一早交班会后，由师资库内人员轮值授课，围绕规章制度、政策法规以及规范性文件等，采用 PPT、微课、视频等方式进行分享。主讲人通过学习备课，练好专精业务、熟悉政策的“内功”，得到强化输入和有效输出的双重收获，多形式多方位提高素质能力。课后听课人员就授课质量、效果等进行综合打分，人事、职教部门根据综合成绩奖优罚劣，促进师资人员授课技巧、课程质量提升，实现师资人员业务共学、经验共享、问题共商，更好地帮助他们启迪思想、开阔视野、提升技能。

二、师资队伍建设存在问题

目前，天津供电段共有师资人员 21 名，平均年龄 41.5 岁，专业技术职务（职业技能等级）均为中级以上。其中入选集团公司级师资库 7 人，段级师资库 14 人。这些师资人员非科班出身，均为兼职师资，日常培训中大多采取灌输式培训，相对呆板、枯燥，总有一种“茶壶煮饺子——倒不出来”的感觉，在干部职工接受程度、培训质量和培训效果方面考虑不多、思考不够，授课能力特别是专业能力有待提升。

1. 授课水平还不高。从事培训教学的师资人员大多是从专业科室、管理部门中选拔出来的，素质能力不尽相同，科学研究能力及专业化管理经验不足，接受系统性授课培训机会不多，造成部分师资人员教学技能和方法欠缺，照本宣科、言语逻辑表述不清等现象较为普遍，教学效果不佳。参培学员偶尔“点个菜”，也常因师资专业能力有限而“炒不出来”，只能完全依靠外请专家老师授课，与预期效果存在较大差距。

2. 重视程度还不够。因人事部门人员较少，加之推动力有限，各授课科室重视程度不足，落实过程中极易受到生产任务的挤压，授课人员因重点作业盯控、现场应急处置等临时任务而“爽约”的情况时有发生，即便能够按时“赴约”，派出的授课人员也不是“精兵强将”，其课前准备不充分，亦没有将充足精力用于教学工作当中，随意打折扣压缩授课时长也是家常便饭，严重影响培训效果。

3. 奖罚机制还有欠缺。没有将培训效果与授课师资绩效进行考核联挂，师资群体职业价值体验感较低，同时，师资人员准入以及退出机制还不完善，师资队伍的积极主动性未被充分调动起来，把握不到各层级干部职工真正知识需求，造成课前授课准备不充分、课中缺乏与学员的互动交流的情况，无法做到有的放矢，培训质量大打折扣。

三、关于师资队伍建设的思考

师资队伍建设是一个持续性、系统性工程，随着师资队伍的建立与不断完善，当站段越来越多的师资人员加入梳理知识、传播技能的队伍之中，说明迈向学习型企业更进一步，也更加坚实，势必会推动管理和专业技术人员以及高技能人才队伍建设，进而助推铁路企业向高质量发展目标的实现。

1. 明确方向，重点培养，抓好师资队伍建设。开展师资供需分析，建立一支结构合理、满足需求的师资队伍。在站段现有师资基础上，根据其所学专业、工作及从教经历、性格特点，分成初级、中级、高级等不同层次层级师资库，做到储备充足。以专业科室、生产车间的中层管理者作为储备重点，他们专业知识更为扎实、行业动态更为了解，将其纳入师资队伍，能够自身结合管理实践向干部职工传递有效且具操作性的技能；将高级专业技术人才一并纳入，他们在某项技术领域业务取得一定成果，其授课内容更具权威性；业务主管或骨干也是师资队伍的主要来源，他们思想进步、上进心强，业务娴熟、经验丰富。除此之外，在本专业具有高技能水平人员，可不受学历、技术资格等限制，打破管理壁垒，不拘一格使用人才。

2. 强化培育，务求实效，促进师资队伍素能提升。依托“十个一批”人才培养工程，积极选送师资人员到工务、电务等系统拓宽视野，有计划地选送进修深造，借助集团公司层面师资培训等契机走出去，让师资人员接受正规化、系统化、规范化培训，进一步提高师资队伍的理论水平、实践技能和教学能力，进而带动师资队伍整体素能提升。针对师资人员的共性问题，将名师、专家请进来，切身感受他们的成功教学方法，领略名师风采，吸收营养、赋能充电。在此基础上，注重新老师资人员搭配，以提升授课技能和专业水平为核心，通过“传帮带促”方式，对青年师资开展个性化培训，培养出一批为人师表、业务出色、求真务实的学科“领头雁”和青年讲师团，为打造高素质师资队伍奠定坚实基础。

3. 严格管理，奖惩结合，激励师资队伍履职尽责。人事、劳资、职教等部门负责对师资人员的考核及管理，考核内容包括工作责任心、业务水平、教学质量及学员评价等多项动态考核条件，对每名师资人员作出综合评定。对于日常表现优异、得到参培人员认可的优秀人员给予一定奖励，并在年度考核、评优评先、专业技术职务（职业技能等级）评聘、职位晋升等方面给予制度倾斜。同时，发挥人才集群优势，将其吸纳到人才孵化站点、专家库建设，鼓励开展技改技革、课题攻关，将学习成果进行转化，进一步提升影响力和知名度。宣传部门通过手机报、办公网等形式进行宣传报道，打造过得硬、叫得响的师资领军人物，营造良好的比拼氛围。对不合格的师资人员，取消其资格，持续健全完善奖励淘汰机制，不断补充新鲜血液，激发师资队伍原动力，形成良性循环管理体系。

总之，师资队伍建设不能一蹴而就、也非朝夕之功，需要一线站段、相关部门以及师资本人的共同努力。要有“咬定青山不放松”的毅力与精神，脚踏实地、持之以恒，凝心聚力、团结协作，努力打造一支高素质的师资队伍，为首善之局建设提供坚实可靠的人才支撑。

基层站段干部培训师资队伍建设的方法与途径

石家庄南站　崔立浩

近年来，铁路事业飞速发展，新一代京铁人聚焦新时代新征程国家铁路使命任务，坚定信心、开拓奋进，勇当服务和支撑中国式现代化的“火车头”。基层站段管理人员和专业技术人员作为保障一线安全生产、实现京铁事业高质量发展的中坚力量，其素质能力如何成为铁路发展质量的关键性因素。想要建设一支高素质干部人才队伍，就必须有高水平的干部培训师资队伍作保证。

一、干部培训队伍现状分析

目前，担负石家庄南站干部培训任务的师资队伍有两种：一种是外聘教师，另外一种为车站专兼职教师，后者又包含职工教育科专职教师和车站兼职教师两类。

（一）外聘教师队伍现状

外聘教师主要包括地方党校教师、集团公司党校教师、集团公司机关部室教师、专业技术服务中心教师及设备厂家专家等。外聘教师一般具有国家认定的教师从业资格或相关职业资格，具备某一领域较高的专业知识技能，担负着具有一定专业水平和较高质量的培训工作，比如党性教育、专业理论知识、岗位实作技能、设备操作维护技能等。

外聘教师的主要精力用于各个专业领域的研究、备课以及讲课之中，基本不参与培训的组织管理工作。

（二）车站专兼职教师队伍现状

车站专兼职教师是由车站在管理人员和专业技术人员、操作技能岗位人员中选拔、聘用，对某一工种或领域有较高的理论水平和丰富的现场工作经验，讲授的内容多根据岗位规章制度、上级文件精神以及自身的工作经验而来，大部分专兼职教师具有一定的培训组织能力和授课技能。

对车站58名专兼职教师进行年龄结构、学历层次、职称状态分析如下。

1. 年龄结构

见表1，车站专兼职教师年龄结构分布较为合理，各年龄段分布较为均衡，其中31～40岁教师占比最大，是车站专兼职教师的中坚力量。

表1　年龄结构

年龄	30岁及以下	31～40岁	41～50岁	50岁以上
人数	7	22	15	14

注：平均年龄41.16岁。

2. 学历层次

见表2，大部分车站专兼职教师学历层次为大学本科及大学专科，硕士研究生等高层次学历及大学专科以下较低层次学历人数较少，但仍有进一步提升空间。

表2　学历层次

学历	硕士研究生	大学本科	大学专科	中专	高中
人数	2	38	15	2	1

3. 职称状态

见表3，工程师和技师资格教师占车站专兼职教师总数不足一半，较高职称专兼职教师人数占比不高，职称总体水平有较大提升空间。

表3　职称状态

技术职称	工程师	助理工程师	助理政工师	技术员
人数	22	17	1	2
技能等级	技师	高级工	中级工	无
人数	6	2	5	3

二、当前干部培训队伍存在问题

（一）外聘教师队伍不稳定

外聘教师虽然专业理论水平较高、授课技能丰富，其培训往往能达到较好的效果，但由于基层站段所能联系外聘教师资源较少，而基层培训需求又较大，造成外聘教师资源紧张，基层站段无法和优秀外聘教师建立长期、固定的培训关系，在某些时期甚至无法找到合适的外聘教师。再加上基层站段年度干部教育培训经费总额限制，外聘较高层次专家、正高级专业职称人员次数较为有限，形成高水平外聘教师队伍较为困难。

（二）车站专兼职教师教学水平不高

车站专兼职教师大多技术业务精湛、实作经验丰富，但教学水平无法与外聘教师相比，再加上经受系统性授课培训、锻炼授课技能机会较少，部分教师教学基本功较差，教学技能和方法有所欠缺，在实际教学中重实作轻理论、只讲做法不讲方法、照课件文件宣读、言语逻辑混乱表达不清等现象较为普遍，致使教学效果不佳。在授课方式上，多数教师采用“我讲你听”的传统模式，教师与学员之间缺乏互动交流，学员主观能动性发挥不好、学习效率不高。

（三）车站兼职教师工教矛盾较为突出

大部分车站兼职教师都有自己的本职工作，安全生产任务较重，日常需完成重点时段重点作业盯控、非正常应急处置盯控、分管专业管理、夜间值班值守等各项工作，没有充足精力用于教学工作当中。在课程教学形式上，基层站段大部分培训课程为课堂式现场式教学，受场地、时间等限制因素较大，兼职教师无法灵活分配时间，存在冲突时只能优先保障现场任务，教师资源严重浪费。

（四）车站专兼职教师队伍建设系统化特征不够明显

在专兼职教师制度建设上，虽然在选拔聘用、日常管理等方面上有相应的配套制度，但还不够细致、全面，没有形成完善的体系。如专兼职教师的准入机制还不够完善，准入条件比较宽泛，没有一套严格的标准；在日常的教学工作中，仅注重培训任务是否在规定时间内完成，不注重培训质量和效果的提高，同时没有建立对培训教师进行再教育的机制；专兼职教师在完成教学任务后，并没有对教学结果进行相应的激励或考核，缺乏激励考核手段，造成“干好干坏一个样”，专兼职教师积极性没有被充分调动。

（五）车站专兼职教师责任意识不够

专兼职教师中存在责任意识不强的问题，工作中存在“庸、懒、散”的作风，对干部培训工作缺乏应有的重视与态度，从主观上认为干部培训不是中心工作，无关紧要，干好干坏对自身工作影响不大，加之激励考核机制没有得到很好的完善，造成个别专兼职教师责任意识不强、管理难度大等问题。

三、师资队伍建设的方法与途径

（一）合理利用外聘教师资源

科学制订年度干部培训计划，提前着手，确定干部培训外聘教师人员，和外聘教师进行充分沟通，预约培训时间，明确培训主要内容，给外聘教师留足备课时间，营造舒适良好的教学氛围，建立相对固定的培训关系。增加集团公司选课单利用率，选课单课程都要经过精心准备、试讲、评选才能确定，是优中选优的干部培训资源，基层站段可以多和选课单课程教师建立培训关系，进一步增强外聘教师资源质量。通过科学的干部培训计划，合理预测分配使用全年干部培训经费，将经费使用向聘请高层次专家教授倾斜，做到“好钢用在刀刃上”。

（二）不断提升专兼职教师教学水平

选送专兼职教师参加集团公司各类师资、课程开发培训班，不断提升业务素质，增加授课技能技巧，夯实教学基本功。在站段层面，则要加强专兼职教师的再教育工作。一是聘请专家教授到站段举办讲座，传授教学和专业业务知识。二是加大教育经费投入，在基层站段能力范围内，选送专兼职教师到专业培训机构或高校进行再培训，补足教学短板。三是鼓励教师参加现从事专业的学历进修，参评晋升专业技术职称，全面提升综合素质。四是创造条件让专兼职教师进行相互交流，如举办课程试讲、课件开发、教学评比等活动，促进互相探讨、交流、学习，实现优势互补，共同提高教学水平。

（三）探索灵活多样的教学方式

如何解决车站兼职教师工教矛盾，已经成为当下急需解决的问题。首先，可以多采用线上培训的形式进行授课，利用互联网会议、视频软件及车站视频会议系统开展教学，避免路途奔波，打破距离限制。

在兼职教师本职工作繁忙，精力时间不足的情况下，还可以利用休班空闲时间录制教学视频或微课，在教学时进行录像播放，打破时间限制。其次，可以采用线下分区域教学模式，多个具有培训能力的教师依托各车间、中间站教育培训基地分区域分时段开展培训教学，可根据自身情况灵活确定培训时间及培训区域，在截止日期前完成教学任务即可，最大程度平衡好时间分配，做到保障现场安全、参加教学工作两不误。对于时间相对集中的“日勤制”科室、部门等干部，可采用干部“夜校”形式开展集中培训，避免其他工作及事务的干扰，更利于教师全身心地投入到课堂环境中。

（四）完善专兼职教师队伍制度机制

建立专兼职教师选拔准入机制，如对年龄、学历层次、教学水平、相关专业的工作经历和工作年限设立相应要求。例如，在管理人员和专业技术人员中选拔教师，要有一定的专业技术职称等级，参加集团公司师资培训班、在车站及以上范围内发表著作（论文、调研报告、教材等）被采用者优先。又如，从操作技能岗位人员中选拔教师，要有一定的技能等级，在各类技术比武、技能竞赛中取得名次者优先。建立专兼职教师再教育机制，在年度内规定受培训次数、课时时长要求，探索定期开展教学评比、课程竞赛、研讨交流等活动，以制度形式进行规范。建立激励与考核制度，依据课程计划完成度、教学过程评价、教学结果反馈等条件，对专兼职教师进行激励或考核，做到“干好干坏不一样”，充分调动教师教学积极性。

（五）提升专兼职教师的责任意识

通过激励考核制度的建立、干部培训工作重要性教育、对个别专兼职教师谈心谈话等手段，根除“培训工作不是安全生产一线，无关紧要”的思想认识，树立培训工作和安全生产同等重要的观念；根除“抓培训不如抓生产”的思想认识，树立增强素质就是抓安全、抓效益的观念；根除敷衍了事、得过且过的思想认识，树立不甘落后、争创佳绩的观念。增强专兼职教师使命感、责任感、荣誉感，不断提高进取意识、工作劲头，变被动工作为自主行动。

总之，基层站段干部培训师资队伍的打造与培养，是一项长期且艰巨的工作，要有“咬定青山不放松”的毅力与精神，攻坚克难、持之以恒，相信干部培训队伍的不断壮大，终将转化为巨大的企业生产力，为铁路事业的蓬勃发展提供强大支撑。

聚焦三大关键点　锻造高质量师资队伍

南仓站　王世婕　霍云华

铁路的安全与发展靠干部职工，干部职工专业素质和安全意识的提升靠教育培训，教育培训的主导者和实施者是教师。优秀的师资队伍是基层单位安全与效率的基石和保障。本篇文章聚焦铁路企业基层单位教师素质基础、管理基础、创新基础三大关键点进行研讨，提出了打造高质量师资队伍的方法与途径。

一、精挑细选，严抓培训，打牢师资队伍素质基础

（一）严格选聘流程，确保师资队伍质量

从现状来看，各单位专兼职教师的师资水平参差不齐，个别教师明显能力不足，只会照本宣科，甚至连基本的课件都不会制作，教学质量与单位要求相差甚远。造成这一问题的根本原因是在组建师资队伍的时候没有加以重视，往往就是谁的工作少、谁有时间去讲课，谁就被推选上去。要想解决这个问题，关键在于各单位需要营造出一个公平公正的选聘环境，每年组织一次竞聘，考核内容包括教案设计、课程试讲、理论答题、课件制作、专业知识等多项标准，同时综合考虑竞聘人员的责任心、工作经历等因素，选拔出最合适的人员，构建起各单位师资队伍。

（二）强化师德建设，塑造师资良好形象

师资队伍的建设，必须把师德建设摆在首位，将师德学习融入日常、抓好经常，从细节入手、从实处发力，突出党风价值引领、企业文化浸润、榜样示范带动、制度约束保障，全员全方位全过程强化师德养成。

（三）注重日常训练，夯实师资发展基础

调研发现，各单位专兼职教师或多或少存在以下三个方面的不足，可以通过开展一系列的专项培训，来提升教师的三大基本功。

1. 教学语言基本功。教学语言是教学信息的载体，是教师引导职工完成教学任务的主要工具，然而，不少教师在上课时存在着口头禅、条理不清、口齿不清等不足。各单位可以通过组织专兼职教师观看名师优质公开课、写逐字稿、对着镜子讲课、每天朗读半小时的方式进行语言培训，提升课堂语言基本功。换言之，各单位现在都存在一个普遍问题，很多业务精湛、技能过硬的人才有一肚子的知识讲不出来，这就是语言基本功不足的表现。一些单位采取的方式非常值得其他单位去学习：教师首先将自己授课的内容全部逐字写出来，精心雕琢、不断完善；之后，教师对着镜子讲课，同时将讲课过程录制下来，对自己的授课过程进行分析，反复改进；最后，几个教师之间互讲，既可以互学互评，促进提升，又可以锻炼自身的胆量和勇气。

2. 分析学生基本功。要想让学生学会知识、掌握能力，教师就需要充分了解学生。一些教师在上课时，不分授课对象的年龄、文化层次、业务能力，始终使用同一个课件、同一个深度去讲授自己的课程，导致培训效果不理想。各单位可以开设一些统计分析学的课程，让教师掌握简单分析培训对象的能力。以车务站段接发车作业专项培训为例，培训前，授课教师可以通过统计培训对象工作经历、文化程度等方式细致分析教学对象的理论基础。对于新职人员，就要从最基础的

知识学起，讲细讲实基本原理，帮助新职人员打好基础；对于中间站站长培训班的参培人员，就要有所提高，讲深讲透关键环节，帮助参培人员加深理解。

3. 利用现代教育技术基本功。教师需要具备多媒体技术的基本操作技能和使用技能，做到现代教育技术与课程之间的融合，使现代教育技术成为教育教学的有力“帮手”。课堂上，多媒体教学设备与课堂教学的有机结合，可以改变教学内容的呈现方式，增强教学的直观性和趣味性，激发学生的积极性和主动性，提高教学效率。一是要让教师们“多看”，各单位收集各类优秀教学课件，看得多了，知道差距在哪里，自身的标准也就逐渐提高了。二是要让教师们“多学”，可以通过组织开展 PPT 课件制作、Flash 动画制作、视频剪辑等课程提升教师多媒体教学能力。三是要让教师们“多做”，每年至少制作 3 个精品课件，在实作的过程中进一步学习提升。

二、健全制度，搭建平台，打牢师资队伍管理基础

（一）完善激励机制，激发教师向上活力

开发教师课堂授课质量综合管理系统，每周一制订授课计划，组织相关干部职工参加培训，培训完成后通过系统网络打分，根据打分结果，每月下发专题通报。以系统数据为基础，每季度开展职工培训优秀师资和优秀课件评选活动，促进各级师资主动改进教学方法，提升教学质量。

（二）搭建三个平台，抓实重点群体提素

搭建青年教师培养、专业技术教师培养、专业技能教师培养“三个平台”。

1. 搭建青年教师培养平台。把青年教师定向培养作为人才梯队建设的突破口，发挥青年“善思善学善作善成”优势，优选青工建立培

养档案，为他们量身定制高质量师资成长路线图，采取“过关升级”的方法，做强等次规划、批次培养和梯队建设。

2. 搭建专业技术教师培养平台。把专业技术教师培养作为提升教师群体素质的突破口，从车务系统现状来看，许多专兼职教师一线经历不够丰富，甚至没有一线工作经历，例如部分站段的行车教员仅从事过助理值班员岗位，并没有车站值班员岗位经历，在教学时仅靠书本知识而无现场经验，教学内容略显单薄，因此提升专兼职教师专业技术能力尤为重要。应选拔经验欠缺的教师到站段安全生产指挥中心学习、到基层车间（中间站）进行锻炼，实现人员专业技术的提升。

3. 搭建专业技能教师培养平台。以各单位大师创新工作室为依托，把专业技能教师培养作为扩大教师精英人才群体的突破口，建立高技术、高技能、高知人才库，每年选拔一线优秀技能人才，在授课技能上进行重点培育，在专业技能上进行再提升，做大做强站段“工匠”教师群体。

（三）建立淘汰机制，保障教师发展动力

师资队伍实行末位淘汰制，每季度对专兼职教师进行考核评定，对连续两个季度均排在后三位的教师进行淘汰。同时，对于专兼职的评价必须要多元化，其中应包含培训对象对教师的教学评分、教学课件的评价、专业能力测试、职业道德评价等。

三、全员发动，拓宽思维，打牢师资队伍创新基础

（一）开展内部竞赛，打造互利共赢局面

“纸上得来终觉浅，绝知此事要躬行”，未经过实战的功夫就不是真功夫，应采取“以赛带教，以教促赛”方式，立足实战磨炼精兵，每年至少组织微课、课件、授课竞赛各一次，促进师资队伍在实战中共同进步。

（二）组织研讨交流，开阔师资创新眼界

1. 共谋校企合作新发展。校企合作对于高校和企业是双赢。高校教师授课经验丰富、理论基础扎实、教学方式新颖，但教科书更新速度通常较慢，对铁路的迅速发展无法及时掌握，导致高校课堂上的内容过时，缺乏实用性。然而各单位情况恰恰与之相反，现场经验丰富，掌握铁路最新发展动态，但理论基础和授课经验大多不如高校老师。因此，各单位可以定期组织本单位专兼职教师前往北京交通大学、石家庄铁道大学等高校进行“取经”，学习高校老师先进的授课理念和方法，同时将最新的铁路发展情况与之进行交流，互相取长补短，达到共赢局面。

2. 开拓交流学习新思路。在日常铁路行车工作中，调度、车站、机车司机、工务、电务等部门之间相互独立而又紧密联系，因各自对行车工作制度的理解不同、所处位置不同、考虑因素不同而难免产生误会和分歧，以至于影响到运营安全与效率。为此，在集团公司管内可以每年组织 2 次跨系统、跨专业的交流学习研讨会，以更好地理解其他专业工作情况、制度执行情况，提高自身对所授课程的全面理解，从而开拓新的教学思路。

（三）研发精品课程，提升队伍协作能力

每个单位要充分调查研究每名教师擅长领域，按照管理型、技能型、学术型、科研型四大类型分别成立教师人才库，并根据特长分配相关课程，鼓励教师在自己擅长的领域钻研、奋斗，发挥更大的作用，做到“人尽其才，才尽其用”。师资之间，相互协作，发挥特长，共同完成精品课程的整个研发过程，提升团队协作能力。

总之，培养高质量师资队伍是一项系统工程，需要站段、相关部门以及教师本人的共同努力。各单位要提振信心、脚踏实地，不要花拳绣腿、不做表面文章，切实再造新时代高素质师资队伍，助力铁路高质量发展。

关于新时代铁路干部教育培训班主任队伍建设探讨

石家庄铁路专业技术服务中心　安冰洁　卢京龙

干部教育培训是建设高素质干部队伍的先导性、基础性、战略性工程，在推进中国特色社会主义伟大事业和党的建设新的伟大工程中具有不可替代的重要地位和作用。近年来，党和国家对干部教育工作的重视程度越来越高，对干部教育培训也提出了更高要求。《全国干部教育培训规划（2023—2027年）》强调，应“加强学员管理，严格执行学员管理相关规定”。班主任是干部培训班级的直接管理者、教学方案具体实施的组织者和学员学习培训期间的服务者，在培训班的运行中发挥着纽带和主导作用。无论是从干部培训工作主办部门，还是从承办干部培训任务的培训机构的视角来看，关于如何提升培训质量的问题，以下研究内容如做好干部培训需求调研、教学方式改革创新、打造“名师”队伍方法途径、培训形式探索与创新等方面研究得较多，而对于在干部培训中发挥重要作用的班主任工作研究得比较少。同时，从班主任角度而言，班主任平时忙于日常性事务性工作，对班主任岗位认知和规划性不足，致使对相关工作的研究及归纳总结不强。为此，笔者根据多年从事干部教育教学管理工作的经验，对如何做好班主任工作提供一些思路、建议。

一、培训机构干部教育培训班主任工作现状

（一）岗位调整，配备不足

以石家庄铁路专业技术服务中心为例，近4年来由于人员退休或岗位调整等原因，在班主任人员配备方面存在着不足，目前从事干部培训班主任工作的只有6人。近两年培训任务逐年递增，随着人员退休及岗位调整，在培训任务饱满交叉同步进行时，由于班主任人员配备不足，培训质量得不到很好的保证。

（二）多重角色，精力不足

班主任在培训班教学组织之余还肩负着授课、技术比武裁判、现场实践锻炼等工作，对培训班学员学情、培训需求等，没有足够的时间和精力去分析和调研。由于沟通了解不到位，班主任面对学员培训过程中遇到的某些问题时，可能选择忽视或折中的方式处理。因此，班主任多重身份角色不能较好关注学员的学习情况，也就不能更好地把握其学情特点。

（三）时间较长，热情不高

当前，集团公司业务部室的干部培训按照年度培训计划有序落实培训要求，在教学方案设计上，内容饱满，环节紧凑，主办部门和培训机构密切配合较好地完成了既定培训任务，但有的业务部室在有限的培训时间内安排的培训内容较多，通过延长每天上课时间的方式增加培训量，上课时间从早上8点开始到晚上9点结束，更有甚者个别班次会到半夜12点，这样的培训方案带来班主任劳动强度变大、工作时间延长、精神压力大等问题，长期下来，班主任身心疲惫、出现畏难情绪，从而工作积极性不高。

（四）新老交替，专业度不高

由于人员岗位调整，原有的骨干班主任调离班主任岗位，新任班主任大多班级管理经验不足，没有参加过班主任工作方面的系统培训，只是自学了干部培训相关文件、工作流程，通过“以老带新”跟班作业、模拟演练等形式短训后，火速上岗，但在真正单独担任班主任工作时，面对学员的一些问题及班级突发状况，该如何有效去解决方式方法上仍显不足，班主任的专业素养和应急处置能力有待进一步提升。

二、干部教育培训管理中班主任的基本职能

干部培训部在承办培训任务前，联系人和集团公司主办部门沟通确定培训方案，班主任负责将方案逐步实施，将培训各环节有效落地。班主任在整个培训组织实施中扮演着重要的角色，不仅是培训的组织者，还是培训学员的管理者、教育者和服务者，在培训前期、培训中期、培训后期各阶段都发挥着重要作用。班主任工作按工作性质划分，可分为事务性工作和管理性工作。

（一）日常事务性工作

干部培训部根据《关于规范管理和专业技术人员教育培训工作的实施意见》（京人函〔2020〕12号），结合新形势特点，细化班主任工作流程，做好三个阶段的准备工作。

1. 开班前期准备工作。班主任在学员报到前要做好如下五方面的工作。一是提前准确掌握办班信息，做好学习资料和用具的准备、学员秩序册的制作、检查和布置教室等工作。二是组织学员报到、签到、明确注意事项，引导住宿、就餐及教学地点，及时将报到情况，特别是按规定时间未到者的情况向主办方反馈。三是沟通协调有关部门做好相关工作，如联系后勤保障部做好学员饮食安排，尤其是民族学员，提前做好饮食上的照顾；协调做好学员培训期间安全保卫工作等。四

是按照培训班教学计划，联系授课老师，了解到达车次及时间，安排接送站。五是提前摸清学员底数，如在学员报到前，提前和学员所在单位人事部门沟通，了解学员有关情况，有针对性地摸清学员底数，并根据培训班实际需要了解其是否在培训期间能否胜任班委等角色。

2. 培训中期带班工作。一是筹备开班仪式，确认开班议程、领导座签摆放、开班字幕横幅等，这些细节性工作相当于战前总动员，直接影响到培训的效果。二是召开入学教育，解读培训方案，明确纪律要求等相关事项，重点对培训纪律、注意事项等进行强调，特别是对近年来干部培训期间发生的典型违规违纪案例进行通报，用典型案例和身边人身边事警示教育学员，强化纪律意识、规矩意识。三是按照班主任工作流程和工作项点，组织学员按照教学计划有序推进，同时处理学员各种临时性问题。组织学员召开座谈会，了解学员在教学组织、班主任工作、后勤服务、餐饮等方面的意见建议。

3. 培训后期收尾工作。一是收集授课教师课件作为电子资料保存。二是组织学员对培训课程进行评估。课程评估的内容包括教学态度、教学内容、教学方法、教学效果等，班主任及时向主办方和教师进行反馈评估结果，将其作为改进教学的重要依据。三是组织学员进行考试考核，做好培训班资料归档整理及组织人事信息系统维护工作。信息系统维护的具体内容是核实学员信息、完善培训内容、填写考试结果（如没有考试成绩的，要有考核结果）与填写培训学时。

（二）日常管理性工作

学员管理是教育培训的主体工作，重点任务是在培训期间通过对学员思想、学习、生活等方面的教育管理，保证教学秩序，提升培训效果。学员管理主要包括学员报到、日常学习、组织活动、学员考勤、班级自主管理及学员考核奖惩等。一方面，班主任要树立要管、能管、敢管的意识，不能因为参培学员身份特殊而畏首畏尾不敢管；另一方面，管理也要讲究策略和方法，坚持严管与厚爱相结合，明确管理的最终目的是为学员提供好的学习氛围，使学员学有所获。管理性工作主要体现在教学组织管理、学员学习管理、学员生活管理等三个方面。

1. 优化教学组织管理。一是全过程盯控，做好培训教学组织工作，记录每天工作写实或特殊事件，做好问题汇总分析。二是根据培训班性质，丰富教学环节，开展沉浸式学习，通过设置班前一支歌、经典诵读、学员微讲坛等环节，营造良好学习氛围。如某兼职支部书记培训班采取班主任导学、学员集体诵读、体会分享、班主任点评“三位一体”教学模式，让学员在沉浸式学习中增强培训效果。三是盯紧教学环节，时刻保持警惕，提前做好预想，对突发状况及时处理，避免教学事故发生。如在某培训班，一名老师在授课过程中，因投影高清线故障，画面无法显示，班主任及时处理，确保正常上课。

2. 强化学员学习管理。一是引导学员及时转变身份，任何职级的学员来参加培训必须服从培训机构管理，认真贯彻落实中央八项规定及其实施细则精神，严格遵守学习培训、安全保密和廉洁自律各项规定。二是加强考勤、手机集中管理，实行班主任点名制度，每天上、下午各一次，并根据实际需要进行不定期抽查。上课前要求学员将手机集中存放到手机存储柜，提高听课效果。三是加强学习过程管理，班主任每天跟班听课，随时观察学员的学习状态、课堂表现等，对学员不遵守课堂纪律的行为，及时进行提醒。

3. 加强学员生活管理。学员生活管理主要提供优质的食宿条件和优美的环境、生活需求等。一是提升食宿管理。住宿方面，及时处理学员在住宿过程中出现的各种问题，如同宿舍打呼噜人员调房间；为年龄偏大的学员安排低楼层等。用餐方面，沟通后勤部门调整用餐方式、就餐时间、清真餐等。二是加强生活需求管理，学员生病或身体不适等急需药物或其他物品时，尽最大努力帮助协调解决。如在承办某培训班时，一名学员突发头晕，班主任得知后第一时间去宿舍探望了解相关情况，学员反映当时感觉无大碍，班主任叮嘱同宿舍人员密切关注其身体状况，如仍有不适，立刻去医院接受专业治疗。当天晚上7时30分左右，学员再次感觉不适，班主任专门安排车辆送其到医院做了头部CT和核磁共振检查。三是丰富课余活动，为学员提供羽毛球、毽球等活动用品。

三、干部教育培训管理中班主任工作的延伸功能定位

班主任在培训期间除了事务性工作，还要创造性地开展工作，优化工作方式，及时总结经验，完善培训流程、改进培训质量、提升培训效果，提高自我综合素质能力等。

（一）课堂教学的衔接者

干部培训教学活动主要由课堂教学、现场教学、交流研讨、模拟演练等教学内容组成。课堂教学是重要环节，课程时长一般为2～4个课时，授课教师在规定的时间完成授课任务后就会离开，学员与教师之间课后交流的机会较少，学员一些疑难问题得不到有效解决。这时，班主任可以充分利用工作便利，做好学员和授课教师之间的桥梁。

1. 随时了解学员学习动态和关注的热点问题，为老师授课提供必要的参考信息。如班主任提前和授课老师建立联系，将学员基本情况、学情等和老师进行沟通，根据学员特点，使其备课更有针对性，提高授课针对性和有效性。

2. 班主任可以通过学员座谈会了解到对授课老师的教学建议，经过班主任梳理、汇总、反馈，授课教师可以有针对性地改进教学内容，提升授课质量。如发展对象培训班中，学员座谈会和授课评估反馈个别老师讲授内容理论偏多、枯燥，案例不够丰富。班主任了解到该情况后，及时和授课师资沟通反馈，老师及时对课程内容进行了优化，在后续培训中反馈较好。

3. 学员培训结束后，在实际工作当中遇到问题需要请教专业教师时，班主任可以充当学员与教师之间的桥梁，帮助学员解决工作中的难题。

（二）学员教育的引导者

学员到培训机构报到，首先见到就是班主任，因此班主任这个角色有先入为主的优势，是学员培训期间值得信赖的人。班主任要充分利用这一优势，对学员教育的各方面加以引导。培训前期，班主任要为学员介绍课程内容、就餐安排、培训纪律、注意事项等情况，引导学员进入培训状态。培训期间，班主任注意言谈举止，一言一行，做好表率，用行动引导学员。培训结束要对培训期间的课程体系进行总结，把学员的表现、自己的感受等进行表述，通过回顾和展望，加深学员对培训的感受。

（三）培训教育的研究者

班主任是学员和教师之间的纽带和桥梁，能合理、有效参与到课堂和现场教学、日常沟通中，更能深入地了解到学员的实际需求。班主任在班级管理中可以围绕培训班的主题提供一些有益于提升培训效果的好的思路、建议，同时对培训过程中发现的问题要举一反三，多思考，形成丰富的管理经验，提升自己的管理水平。

四、优秀培训班主任队伍的建设策略

（一）协调联动，挖掘兼职班主任

在人手紧张、人员不足的情况下，深度挖掘资源，从各科室（部门）抽调兼职班主任进行补强，组建来自不同部门的兼职班主任团队，在干部培训部经验丰富班主任的指导下，通过“以老带新”，按照班主任工作流程，经过多次模拟带班过程演练，使兼职班主任逐步熟悉班主任工作流程和工作项点等，主动融入班级管理工作，配合班主任做好教学组织工作。

（二）发挥班委作用，做好协调配合

1. 成立班委，赋予班委职责，充分发挥学员班委、临时党支部的作用，协助班主任做好学员考勤、交流研讨等方面工作，帮助引导学员端正学习态度，树立良好学风，认真学习，主动思考，广泛交流，高质量完成培训任务。

2. 班主任之间做好责任分工，协调配合，在某位班主任因其他事务不能参与班级教学组织工作，其他班主任能够及时做好补台，确保教学活动正常进行。

（三）制定措施，推行岗位激励

针对承办某些培训班次的班主任每天超强工作量的问题，可以多方沟通协调，制定相应方案措施，提高班主任带班主动性。一方面，集团公司主办部门和培训机构沟通协商争取最优培训方案，尽量避免在工作时间之外安排培训内容；另一方面，培训机构人事部门制定激励措施，以提高班主任带班积极性。为此应做到以下四点。

1. 集团公司主办部门应尽量将培训时间安排在白天，缩短晚上教学时间。

2. 培训机构应合理安排班主任带班任务，在带班任务能调开的情况下，避免班主任连续带班，疲劳作战。

3. 量化指标，评选优秀班主任，进行星级评定，根据不同等级给予物质奖励。

4. 设置合理的薪酬奖励制度，制定详细的考核办法，根据带班工作量和工作强度，合理安排班主任酬金，不搞一刀切，干多干少一个样，从而激发班主任做好工作的积极性。

（四）多措并举，提供多维度培训

打铁还需自身硬。班主任岗位责任重、标准高，需要不定期地对

班主任进行全方位培训，才能推动工作的有效开展。

1. 定期开展集团公司干部培训相关的制度、实施细则等业务知识学习，提升解决问题能力。

2. “请进来，走出去”，组织班主任培训班，邀请专家来培训机构进行现代教育思想、沟通艺术、阳光心理、教师礼仪等方面的培训，同时为班主任提供外出参观学习的机会和平台。

3. “外部培训”加“自我培训”。引导班主任“从内打破，向外生长”，自己培训自己，根据自身所需，制订自我培训计划。

4. 强化组织领导能力、沟通协调能力、创新求变能力、应急处置能力等方面素养培训，提升综合能力水平。组织领导能力是班主任履行职责的重要保障，需要对班级工作精心组织，统筹班级全局，充分发挥班组长积极性和主动性；沟通协调能力是班主任管理好班级的基本功，如在入学教育、课程点评语言要层次清晰、表达清楚准确；创新求变能力需要在班级活动等方面守正创新。

5. 不定期开展培训机构间班主任跟班观摩活动，让班主任相互学习带班经验，共同提高带班能力。

综上所述，班主任是培训机构管理工作的首要责任人，是培训机构教学管理口碑的直接传递者，是班级学风、师德的主要体现者，是培训机构和学员之间重要的管理者和协调者。因此，做好干部教育培训班主任工作，除了完成基本工作流程外，应以学员为中心，用心管理，提高班主任职业素养。培训机构也应重视班主任队伍建设，加强班主任队伍管理，提高班主任服务质量，只有这样才能更好地服务于干部教育培训。